KB167347

해내는 사람에게는 한 가지가 있다

What
Drives
You

해내는 사람에게는
한 가지가 ● 있다

\\ 인생의 승자들이 알려주는 '가속 성장'의 비밀 //

케빈 밀러(Kevin Miller) 지음 | 고영훈 옮김

흐름출판

이 책은 당신을 '삶의 원동력'을 발견하는 길로 안내하는 놀라운 지도이다. 케빈 밀러는 매우 독특하면서도 모두가 공감할 만한 방법론으로 책을 읽는 모든 이들에게 도움이 되는 삶의 오랜 지혜를 다룬다.

　　　—벤저민 하디, 조직심리학자, 베스트셀러 『퓨처 셀프』 저자

케빈 밀러의 팟캐스트를 아는 사람이라면 누구나 그가 청중의 성장과 번영을 위해 노력한다는 사실도 잘 알 것이다. 이 책에서 그는 우리를 삶의 원동력을 발견하는 길로 초대한다. 자기 인생의 운전석에 다시 앉고 싶다면 이 책이 필요하다.

　　　—마이클 하이엇, 출판 기업 '토머스넬슨' 전 CEO, 『초생산성』
　　　저자

누구나 '습관'이라는 말에 열광하지만 좋은 습관을 가지려면 습관을 만들고, 실행하고, 지킬 수 있는 핵심 동기와 추진력이 있어야 한다. 케빈 밀러의 이 책은 말하자면 습관에 앞서는 '프리퀄'이다. 이 책은 우리가 무엇을 하고 하지 않을지를 결정하는 마음의 이유를 찾는 데 도움을 준다. 자신을 변화시키려는 모든 사람이 읽어야 할 필독서다.

　　　—조던 하빙어, 아이튠즈 교육 분야 탑10 팟캐스트 '조던 하빙
　　　어 쇼' 진행자

이 책은 단순한 책이 아니다. 이 책은 당신이 삶의 목적과 신념을 갖고 영향력을 펼치게 돕는 성장의 과정이 담겨 있다. 모든 사람에게는 미래를 창조할 수 있는 선택권이 있다. 세계 최고의 인터뷰어가 세계 최고의 전문가들과 나눈 대화에서 얻은 풍부한 정보를 만나보라.

　　－**댄 밀러**, 작가, 베스트셀러 『48일 안에 좋아하는 일을 하라48 Days to the Work You Love』 저자

케빈 밀러는 내면을 깊이 들여다보는 질문을 던져 우리가 자신을 둘러싼 거짓에 휩쓸리지 않고 가장 신뢰할 수 있는 자원, 즉 고유의 에너지와 '동기'에 도달하게 한다. 이 책을 통해 자신의 현재 삶과 미래의 가능성에 대해 더 명확하게 이해할 수 있을 것이다.

　　－**로버트 월딩거**, 하버드 의과대학 정신과 교수, 「뉴욕 타임스」 베스트셀러 『세상에서 가장 긴 행복 탐구 보고서』 저자

나는 사랑은 받거나 발견되는 것이 아니라 깨달아야 하는 것이라고 굳게 믿는다. 케빈 밀러의 책은 삶의 원동력도 사랑처럼 발견될 수 있다는 신화를 훌륭하게 반박하면서, 자신이 무엇을 진정으로 가치 있게 여기고 원하는지를 스스로 살펴봄으로써 간단하고도 심오하게 깨달을 수 있음을 보여준다. 케빈 밀러의 안내에 따라 진정한 삶의 원동력에서 사랑과 성취감을 찾을 수 있기를 바란다.

　　－**험블 더 포에트**, 래퍼, 예술가, 시인, 베스트셀러 『사랑받는 법

이 책에서 케빈 밀러는 내가 이전에는 한 번도 접해본 적 없는 방식으로 삶의 원동력의 본질을 훌륭하게 전달한다. 이 책을 읽고 나면 우리가 어떻게, 그리고 왜 동기를 부여받는지 완전히 다르게 이해할 수 있을 것이다. 이 책은 개인의 성장을 위한 필독서이다.

　　－르네 마리노, 배우, 전문 커뮤니케이션 코치, 베스트셀러『마스터 커뮤니케이터 되기Becoming a Master Communicator』저자

훌륭한 책이다! 케빈 밀러는 우리가 무엇을 할 수 있는지를 정확하게 설명해 삶의 빈 부분을 채우고 삶이 주는 즐거움을 온전히 느끼며 살아갈 수 있게 돕는다. 이 책은 더 즐겁고 성취감 넘치는 삶을 꾸려 갈 로드맵을 제시한다. 이 책을 읽고 항상 꿈꿔 왔던 사람이 되어 다른 사람들도 그럴 수 있도록 도우라.

　　－리치 노튼, 기업가, 베스트셀러『인생이 바뀌는 시간관리의 비밀』저자

케빈 밀러는 내면의 동기를 유지하는 방법을 아는 사람과 그러지 못하는 사람의 차이를 탁월하게 밝혀낸다. 누군가의 성공이 예외적이고 특별한 사건이라고 생각하기 쉽지만, 사실 무엇이 우리 자신을 활기차게 만드는지 알면 누구나 자신과 주변 사람들을 고양시키는 성공적인 삶을 살 수 있다. 이 책은 그 방법을 훌륭하게 설명한다.

－**혼다 켄**, 일본 최고의 자기계발 전문가, 경영 컨설턴트, 베스트셀러 『운을 부르는 부자의 본능』 저자

잠재력을 불태울 수 있는 부싯돌이나 촉매제를 찾고 있다면 이 책은 그 열쇠이다. 이 책은 당신이 인생에서 전보다 더 많은 것을 얻을 수 있도록 당신에게서 전보다 더 많은 것을 끌어낼 것이다.

－**톰 지글러**, '지그 지글러' CEO

이 책을 읽으며 당신은 당신이 항상 원했던 강력한 삶의 원동력에 불을 붙일 수 있다. 이 책을 눈앞에 두라. 원동력이 당신이 꿈꾸는 모든 일에 추진력을 줄 것이다.

－**로리 하더**, 베스트셀러 작가, 팟캐스터, 기업가

케빈 밀러의 책은 매우 철학적이면서도 실용적이다. 놀라울 정도로 우리의 마음을 깨우고, 의미와 목적이 있는 삶을 살고자 하는 사람들에게 큰 평안을 주는 책이다. 이 책에서 도움을 받지 못하고 결심을 실천에 옮기지 못할 사람을 상상할 수 없다.

－**패트릭 렌시오니**, 경영 컨설턴트, 베스트셀러 『일의 천재들』 저자

차례

3부
성장 연구소에서 전하는 마지막 조언

삶의 원동력Drive

———

목표를 이루고
자신에게 필요한 것을 얻으려는
강한 힘과 결의

당신의 삶을 획기적으로 바꿀 '원동력'의 힘

가족들이 깨기엔 이른 토요일 아침이었지만, 햇살은 이미 콜로라도 로키산맥에 위치한 우리 집 창문으로 들어오고 있었다. 최근 나에게는 새로운 습관이 생겼다. 이른 아침에 삶의 가르침을 곰곰이 생각하는 시간을 보내고선, 그것을 성인이 된 내 아이들에게 전해주는 것이다. 지난 한 주간 내가 진행하는 팟캐스트에 출연한 유명 인플루언서들과 심도 있는 대화를 나눈 후 휴일을 맞이한 그날 아침, 나는 오늘은 자기계발의 중요성을 강조하는 흔한 잔소리를 자제해야겠다고 다짐하며 내가 아이들에게 가장 바라는 것은 무엇인지 생각하고 있었다. 나는 아이들이 다른 사람들에게 도움을 주는 좋은 사람이 되고, 궁극적으로는 성취감과 마음의 평안을 얻기를 바랐다. 그 순간 **마음의 평안**이라는 말이 머리를 강타했다. 아이들이 평안하기를 바랐지만 정작 나 자신은 마음의 평안이 부족했기 때문이다. 많은 것을 성취했지만, 그때 나는 인생 처음으로 번아웃을 느끼고 있었고 앞으로 훨씬 더 크게 느낄 것 같다고 예감하고 있었다.

"끝날 때까지는 끝난 게 아니다" 등 수많은 명언을 낳은 전설적인 야구 선수이자 감독 요기 베라는 어느 날 가족과 함께 뉴욕의 박물관 '베이스볼 홀 오브 페임'으로 향했다. 운전대를 잡은 그가 길을 헤매자 아내가 투덜거리기 시작했다. 이때 베라가 아내에게 한 말은 또 하나의 명언이 되었다. "길은 잃었지만 우린 즐거운 시간을 보내고 있잖아!We're lost. But we're making good time!" 일의 과정에서 즐거움과 마음의 평안을 찾는 요기 베라의 이 말은 성취감으로 앞만 보고 무작정 달리다 번아웃된 나의 마음에 깊이 남았다.

어린 시절부터 나는 '성취도가 높은 사람'이라는 자아상을 세웠다. 스포츠에 뛰어났고, 노력만 하면 성적은 곧잘 나왔고, 나의 영리함과 성숙함에 대한 어른들의 칭찬도 내 자존감을 가득 채워주었다. 열다섯 살 때는 우리 집 차고에서 시작한 사업을 통해 모은 돈으로 사이클링이라는 꿈을 좇았다. 성적이 잘 나와준 덕분에 스물한 살 때는 프로로 전향했다. 어느 모로 보나 나는 목표를 향해 나아가는 투지 넘치는 모범생이었다. 그러나 나는 사실 내가 정말 무엇을 원하는지는 거의 생각하지 못했다. 길가에 탐스런 장미가 피어 있어도 향기를 맡아볼 생각도 없이 힘껏 페달을 밟아 꽃잎을 흩뜨리며 지나쳤다. 운동은 즐거웠지만 점점 지쳐 갔다. 나는 나 자신을 슈퍼맨 정도로 생각했던 것 같다. 남편과 아버지로서 모든 일을 척척 해내는 슈퍼맨이 되려 했다. 하지만 결국 '더 이상은 벅차다'라는 생각에 이르면서 극심한 좌절감과 씁쓸함을 느꼈다. 한계에 부딪힌 적이 없던 것은 아니지만, 나 스스로 한계를 인정한 적은 이때가 처음이었다.

팟캐스트에서 깊은 대화를 나눴던 150명(현재는 거의 250명!)의 게스트도 나처럼 무척 의욕적인 사람들이었다. 하지만 그들은 자신이 어디로 가려고 하는지, 왜 거기로 가려고 하는지를 나보다 훨씬 더 명확하게 알았다. 그들은 성취도 이뤄냈다. 나 역시 성취했지만 그들은 자신의 한계를 알았다. 자신이 초인적인 존재가 아님을 잘 알고 있었고, 그러한 자기 인식과 연민 속에서 마음의 평안을 느꼈다. 반면에 나는 나의 한계를 인식하지 못해 마음의 평안을 크게 놓치고 있었다. 성취를 추구하면서도 내가 무엇을 성취하길 원하고 그 이유는 무엇인지 충분히 생각해보지 않았고, 한계를 넘어서도록 노력하는 것은 성취가 아니라는 사실을 깨닫지 못했다.

그날 아침, 나는 떠오른 생각들을 종이 몇 장에 적어 정리했다. 크리스마스가 다가오고 있었고, 나는 아이들에게 각자 삶에서 성취하고 싶은 것, 정말 소중하다고 여기는 것, 바라는 것을 적은 종이를 선물로 달라고 말했다. 팟캐스트에서도 이 주제를 집중적으로 다뤘다. 많은 청취자들이 이 주제를 다룬 회차가 특히 좋았다는 소감을 전해 왔다. 호응이 좋아서 이대로 마무리하기에는 아쉬웠고, 그래서 청취자들을 스튜디오에 초대해 같은 주제로 방송을 진행했다. 블로그에도 활발히 글을 올렸다. 그리고 책 출간을 준비하기 시작했다.

글쓰기를 좋아하지만 예전에는 시간을 내서 집필에 온전히 전념할 만큼의 동기는 찾지 못했다. 하지만 내가 깨닫게 된 가치들과 건강한 삶의 원동력에 대한 감사, 그리고 내 삶에서 빠져 있다는 것을 깨닫지 못했던 가치들과 잘못된 원동력에서 경험한 고통이 글을 쓰는 동기가 되었다. 나의 팟캐스트는 자기계발 분야에서 상당한 청취자를 확보했고, 내 아이들이 자신이 진정으로 삶에서 무엇을 가치 있게 여기고 바라는지를 분명히 깨닫기를 바랐기에 이 책을 쓸 수 있었다.

이 책에서 바로잡으려는 두 가지 잘못된 통념

내가 이 책을 통해 바로잡고 싶은 첫 번째 잘못된 통념은 삶에 의욕이 넘치는 사람과 그렇지 못한 사람이 있다는 생각이다. 삶의 원동력이 없는 사람은 없다. 나는 **삶의 원동력**drive(의지, 의욕, 투지, 결의, 추진력 등을 뜻한다―옮긴이)을 "목표를 이루고 자신에게 필요한 것을 얻으려는 강한 힘과 결의"로 정의한다. 학생, 직장인, 억만장자, 생애 처음 내 집을 장만하려는 사람, 거물 정치인 등 **누구나** 삶의 원동력을 품고 있다. 말하자면 목표를 이루고 자신에게 필요한 것을 얻으려는 강한 힘과 결의가 없는 사람은 없다. 이루고자 하는 목표의 크기가 다를 뿐이다.

두 번째 잘못된 통념은 삶의 의욕이 있다고 해서 그것이 행복과 성취감, 마음의 평안을 보장하지는 않는다는 점이다. 우리는 높은 성과를 내고 성취를 한 이들에게 박수와 환호를 보내지만, 그가 행복한지, 성취감을 느끼는지, 평안함을 느끼는지는 살피지 않는다. 진정한 성공은 삶의 원동력을 품는 것, 삶의 원동력이 어디를 향하고 있고 그 이유가 무엇인지 아는 것, 그리고 기쁜 마음으로 그 원동력을 현실에서 펼쳐 나가는 것이다.

당신을 위한 해법

이 두 가지 통념을 설명하면서 나는 모든 사람에게 이미 삶의 원동력이 있다고 이야기했다. 그러나 이것이 모든 사람이 삶의 원동력을 자신에게 도움이 되고 올바른 방향으로, 올바른 마음가짐으로 사용하고 있다는 뜻은 아니다. 삶의 원동력을 올바른 방향으로 집중시키려면 내 원동력의 내용을 잘 아는 것, 즉 '**인지**awareness'가 중요하다.

이 책을 읽으면서 당신은 성취의 핵심이 무엇이고 당신이 어디에 가치를 두는지를 살펴 나가면서, 자기 자신을 인식하고 무엇이 당신을 움직이는지를 이해하게 될 것이다. 내 안에 있는 능력을 발견하고 나에게 중요한 것을 성취하기 위해 필요한 방향으로 나아가게 될 것이다.

1부

최고의 가능성은
당신 안에 있다

당신의 야망을 폄하하는 사람들을 멀리하라.
소인은 항상 야망을 폄하하지만,
위대한 사람은 당신도 위대해질 수 있다고 느끼게 할 것이다.
-
마크 트웨인(1835~1910), 미국 소설가

1장
깨닫지 못한다면 변하지 못한다

○
상황을 바꿀 수 있는 유일한 방법은 상황을 바꾸는 것이다.
현재 상황에서 벗어나고 싶으면 달라져야 한다.

열아홉 살 시절의 벤저민 하디는 우리 아이들을 비롯해 젊은 세대
가 두려워하는 모든 문제를 지닌 존재였다. 그로부터 15년이라는
시간이 지난 후 그는 또 한 권의 베스트셀러를 들고 나의 팟캐스트
에 게스트로 등장했다. 세 번째 방문이었다. 아무런 목적이 없고 희
망이 없던 벤저민 하디의 삶은 어떤 계기로 인해 무한한 가능성과
성취 욕구 높은 삶으로 바뀌었다. 내가 지금껏 접한 가장 놀라운 이
야기인 벤저민 하디의 이야기는 이른바 "의욕 넘치는" 사람들에 대
한 우리의 인식이 왜 완전히 잘못된 것인지, 그리고 우리가 삶에서
중요한 것을 성취하기 위해 원동력을 어떻게 촉발시킬 수 있는지
이해하는 데 도움이 되는 완벽한 사례이다.

　벤은 세 형제 중 맏이로 종교를 믿는 가정에서 자랐다. 가족의

기반은 신앙이었고 이에 따라 삶에 대한 명확한 이정표가 세워졌다. 그런 만큼 벤이 열한 살 때, 부모님이 가족에 큰 상처를 남기며 이혼을 하자 벤은 충격에 빠졌다. 이혼을 하며 그의 어머니와 아버지는 존재의 기본 교리였던 종교에서 완전히 멀어졌다. 벤은 "그러고 나서 부모님은 내가 생각했던 것과는 완전히 다른 사람들이 되었어요"라고 회상한다. 어머니는 경영에 어려움을 겪고 있던 헬스클럽 사업에 내내 매달렸고, 아버지는 우울증과 함께 약물 중독에 빠져들었다.

벤의 아버지는 급속도로 피폐해졌고, 집은 십 대 소년에게 유해한 환경이 되었다. 벤은 이렇게 말했다. "한쪽 방에는 제가 친구들과 비디오 게임을 하고 있었고, 옆방에는 이상한 마약 중독자들이 있었어요. 친구들은 저 사람들이 대체 뭘 하고 있는지를 물었어요. 하지만 곧 대수롭지 않은 일이 됐어요." 이 시기 벤의 어머니는 헬스클럽에서 주당 80시간씩 일을 하느라 거의 곁에 없었다.

부모님이 서로 불과 몇 킬로미터 떨어지지 않은 곳에 살고 있어서 벤은 그 사이를 오가며 지냈지만, 대부분의 시간을 비디오 게임을 하며 의미 없이 보냈다. "고등학교를 졸업하긴 했어요. 결석을 굉장히 많이 했는데도 어떻게 졸업을 할 수 있었는지 모르겠어요"라고 그는 회상했다. "안정적인 일자리를 얻고 꾸준하게 일해야 한다는 것이나 제 미래에 대해서는 생각해보지 않았어요. 전 그저 트라우마에 빠져 지냈어요."

아버지의 집이 지내기에 더 해로운 환경이 되자 벤은 사촌의 집으로 거처를 옮겼고, 많을 때는 하루 최대 15시간 동안 게임 '월드 오브 워크래프트'를 하며 시간을 보냈다. 이때의 그는 자기 삶에 긍정적인 일이 일어나리라는 희망이 없는 사람이었다. 그러나 그는 차차 주변 사람들의 피폐하고 공허한 삶을 **인식**하게 되었고, 만약 자신이 변하지 않는다면 결국 주변 환경에 굴복해 자기 존재가 흔적도 없이 사라져버릴 것이라는 생각을 하기 시작했다.

벤은 자신을 바꾸기 위해 무엇이든 하겠다고 결심했다. 이렇게 결심하기까지 어떤 큰 사건이 있었던 것은 아니다. 그저 작은 깨달음이 시작이었다. 대부분의 사람들에게 삶의 원동력은 이런 계기로 깨어난다. 소설 같은, 또는 어떤 비극적인 계기가 있는 게 아니다. 많은 사람들이 자신의 삶에 변화를 가져올 어떤 큰 사건이 일어나기를 기다리지만 그런 일은 결코 일어나지 않는다. 그러니 삶에 의지가 넘치는 사람과 그렇지 못한 사람이 각기 따로 있다는 잘못된 통념에서 벗어나야 한다. 열심히 살아야 할 이유를 발견한 사람과 그러지 못한 사람의 차이일 뿐이다.

또한 삶에 대한 강한 의지가 완전한 성공 아니면 완전한 실패로 귀결되는 것은 아니라는 점을 이해해야 한다. 삶의 어떤 영역에서 우리가 분명하고 진정한 동기를 지닌다면 강한 의지력으로 큰 성공을 거둘 수 있다. 그러나 동기가 명확하지 않고 건강하지 않은 영역에서는 실패를 겪을 수 있고, 이러한 동기가 우리를 성취감을 느낄 수 없는 방향으로 잘못 이끌 수도 있다. 안타깝지만 이런 경우가 너무나 흔하다. 성공이 또 다른 성공을 낳으면 좋겠지만, 삶의 한 영역에서는 큰 성공을 거두는 반면에 다른 영역에서는 엄청난 실패를 경험하는 사람들을 우리는 자주 본다. 이는 우리의 성과 지향적인 문화에서 성공에 따르는 삶의 한 단면으로 받아들여진다. 수백만 달러의 재산이 있으니 결혼에 세 번 실패해도 괜찮고, 퓰리처상을 수상한 베스트셀러 작가이니 비교적 젊은 나이에 신체적, 정신적으로 망가질 수도 있다고 사람들은 생각하곤 한다. 삶의 한 영역에서 크게 성공하면 다른 영역에서는 그에 상응하는 큰 희생과 손실을 감내해야 한다고 생각하는 것이다. 삶을 성공과 실패가 함께하는 제로섬 게임으로 바라보는 잘못된 관점으로 인해 많은 사람들이 큰 실패나 성공을 두려워하고, 얻은 것이 있으면 잃는 것도 있다고 생각하면서 평범한 중간에 머문다. 당신은 정말로 이러한 삶을 살고 싶은가? 다시 말하지만 "크게 얻으면 크게 잃는다"는 생각은 영화에나 어울리는 생각이다. 당신은 분명 삶의 **모든** 영역에서 커다란 원동력을 얻고 성취를 이룰 수 있다. 나는 이 책에서 이 메시지를 전하고 싶다.

목표도 없이 하루 종일 방에 틀어박혀 비디오 게임만 하던 벤은 어떻게 유명 블로거이자 베스트셀러 작가 벤저민 하디 박사로 빠르게 변화하게 된 것일까?

벤의 가족은 뿔뿔이 흩어졌지만 그에게 계속해서 긍정적인 영향을 준 두 사람이 있었다. 할아버지와 그가 다녔던 교회의 목사다. 벤은 이 두 사람이 작은 빛처럼 어둠 속에서도 그에게 더 나은 삶이 있을 거라는 희망을 전해주었다고 말한다. 그가 "현실과 단절된" 시기라고 표현했던 스무 번째 생일 직후, 그는 교회 선교를 떠났고 이 일은 그가 더 나은 삶을 만드는 전환점이 되었다. "저는 하나님을 믿었어요." 벤이 말했다. "하지만 처음에는 그저 삶에 더 좋은 일이 생겼으면 좋겠다는 이기적인 이유로 종교를 믿기 시작했어요." 선교 활동에서 벤은 삶의 목적을 찾고 자신의 성장에 관심을 가지게 됐으며, 글쓰기에 대한 흥미를 발견했다.

하룻밤 사이에 벤은 삶의 목적 없이 종일 비디오 게임만 하던 청년에서 거리에서 사람들에게 복음을 전하는 열정적인 청년으로 바뀌었다. 그 후 2년간 그는 개인의 영성과 성장에 관해 공부했고, 특히 스티븐 코비의 『성공하는 사람들의 7가지 습관』같은 책에 크게 영향을 받으며 자신의 생각과 믿음을 열정적으로 일기에 적었다. "하루 평균 한 시간 동안 일기를 썼고 지금은 아마 일기장이 50에서 60권 정도 될 겁니다." 다행스럽게도 벤이 선교 활동을 하는 동안 그의 아버지는 약물 중독에서 완전히 벗어나 교회의 중독자 회복 지원 프로그램에서 봉사했다.

벤은 배움과 글쓰기에 대한 열정을 키우면서, 이 일을 평생 추구하고 싶다는 생각을 굳혔다. 그는 줄곧 A학점을 받으며 대학을 3년 만에 조기 졸업했고, 그로부터 4년 후에는 조직심리학 박사 학위를 받았다. 책을 읽고 일기를 쓰는 습관은 글쓰기 실력을 길러주었고, 그가 블로그 플랫폼인 미디엄Medium에서 빠르게 독자층을 확보하며 인기 작가가 되는 밑거름이 되었다. 그는 이 독자층을 15만 명이 넘는 이메일 목록으로 활용했고, 이것으로 첫 번째 저서 『최고의 변화는 어디서 시작되는가』를 계약하며 억 단위의 선인세를 받았다. 그는 그 이후로 네 권의 베스트셀러를 연달아 펴냈다. 현재는 자신이 꿈꾸던 여성과 결혼해 플로리다 올랜도에서 여섯 명의 아이들을 기르고 있다.

사람들은 자기 이야기를 할 때 말을 아끼는 경향이 있어서 우리는 다른 사람의 깊은 인생 경험을 들을 수 있는 기회를 간혹 놓치곤 한다. 출간한 책에 대해 이야기를 나누던 중에 그가 열아홉 살 때 하루 종일 비디오 게임을 했다는 것을 잠깐 언급하지 않았다면 우리는 그가 성공하기 전 어떤 삶을 살았는지 알게 될 기회를 놓쳤을지도 모른다. 벤의 이야기는 우리에게 삶의 원동력을 일깨워주는 좋은 사례이다.

당신에게는 이미 '삶의 원동력'이 있다

우리는 삶의 원동력이 넘치는 사람과 그렇지 않은 사람이 따로 있다는 잘못된 신화에 사로잡혀 있다. 또한 잿더미에서 다시 일어서려면 극복의 계기가 되는 엄청난 사건이 있어야 한다고 잘못 믿기도 한다. 영화건 드라마건 책이건, 우리가 소비하는 대부분의 서사가 이러한 개념을 끊임없이 전달한다. 어떤 사건을 겪으며 삶이 크게 바뀐다는 것은 멋진 이야기일 수 있지만, 그런 엄청난 사건은 대개 거의 일어나지 않는다. 그러니 우리 스스로가 주도적으로 멋진 삶을 만들어야 한다. 우리는 충분히 그럴 수 있다. 모든 재료를 이미 가지고 있지만 레시피를 잘못 알고 있을 뿐이다. 요리법을 제대로 알기만 하면 된다.

원동력에 불을 지필 사건을 기다리겠다는 생각에 우리가 얼마나 집착하는지를 보여주기 위해 내가 가장 좋아하는 작가 도널드 밀러를 소개한다. 시나리오 작가였던 도널드는 그의 책 『천년 동안 백만 마일』에서 "스토리란 한 인물이 뭔가를 원하고 난관을 극복하며 그것을 얻어내는 거지"라고 말한다. 대부분의 서사 영화가 평범한 인물이 느긋하게 걸어가다가 "삶의 변화를 유발하는 극적인 사건"을 겪게 되는 식으로 만들어진다. 등장인물은 극적인 방식으로 사건에 반응하고 "평범한 인물에서 영웅으로" 바뀐다. 이 개념에 따르면 우리는 극적이거나 초자연적인 사건이 큰 변화를 자극할 때까지 기다려야 한다. 하지만 현실에서 평범한 사람들은 이와 같은 방식으로 삶의 의지를 얻지 않는다. 벤의 이야기가 평범한 우리들의 이야기다.

삶의 의지, 원동력은 **자각**realization에서 시작한다. 그 첫 깨달음이 비로소 우리 삶에 해가 뜨기 시작하는 새벽이다. 그 깨달음 다음에 결의가 생겨난다. 우리를 밀고 당겨주는 사람 때문에 결의를 품게 되는 것이 아니다. 영화에서처럼 클라이맥스가 있고 흥미진진한 계기 때문이 아니라, 삶의 원동력은 우리 자신의 생각과 결심에서 비롯된다. 벤의 인생 1막은 발전 없이 하루 종일 비디오 게임에 몰두하며 인생을 낭비하는 것이었지만, 2막은 자신이 성장하며 얻은 지혜를 사람들과 나누는 방향으로 크게 발전했다. 벤의 삶을 다시 한번 살펴보자.

1. 벤은 자신이 무엇을 바라고 바라지 않는지를 인식했다.
2. 벤은 자신의 동기를 전적으로 받아들이고 좇았다.
3. 벤은 현재에 머무를 때와 변화를 향해 앞으로 나아갈 때 결과가 어떻게 다를지를 알았고 거기서 자극^{incentive}을 받았다.

벤은 자신이 무엇을 원하는지, 무엇을 원하지 않는지, 그리고 그 이유는 무엇인지를 알게 됐다. 실패한 주변 사람들을 보면서 그들처럼 되고 싶지 않다는 것을 깨달았다. 상황을 바꿀 수 있는 유일한 방법은 상황을 바꾸는 것이다. 현재 상황에서 벗어나고 싶으면 달라져야 한다. 그는 자신 앞에 놓인 한 가지 선택지를 골랐다. 삶의 변화는 이처럼 아주 간단하다. 벤의 삶이 완전히 변화한 것처럼.

나는 방금 우리가 종종 간과하는 아주 중요한 점과 동기의 핵심 측면을 다루었다. 우리는 보통 '우리가 원하는 것'에 집중하라는 말을 많이 듣는다. 하지만 행동심리학에서 인간은 자신이 바라는 것보다는 고통에 의해 훨씬 더 크게 동기 부여를 받는다. 말하자면 벤은 자신이 **무엇을 원하지 않는지**를 깨달았다. 자신이 무엇을 원하지 않는지를 깊이 고민하면서 동시에 자신이 무엇을 원하고 왜 그런지를 살피면 우리는 더 많은 동기와 동력을 얻을 수 있다. 사람들은 대개 무언가를 할 때의 위험은 생각하지만, 하지 않을 때의 위험은 생각하지 않는다. '내가 싫어하는 이 일을 그만두면 수입이 줄어들고, 아내가 걱정할 거야. 그리고 구직 활동이나 부업을 시작하면 좋아하는 TV 드라마를 잘 못 보게 될 수도 있어'라고 생각하기도 한다. 다른 한편으로는 '하지만 이 일을 그만두지 않으면 건강이 나빠지고 공황장애가 일어날 수도 있어. 일을 싫어하지만 일을 잘할 수는 없고, 나는 결국 해고될지도 몰라'라고 생각할지도 모른다. 바람과 고통 중에서 어떤 것이 나에게 동기를 부여하는지 파악하고 이를 활용해야 한다.

벤의 이야기를 듣고 나서 나는 아이들에게 내가 하는 조언을 고민했다. 나는 열심히, 근면하게 일하는 것과 인간관계 기술의 가치를 가르치고, 좋은 대학을 졸업하는 것, 스무 살이 되기 전에 백만 달러 규모의 사업을 시작하라고 조언하는 아버지로서의 내 방식에 의문이 들기 시작했다. 성공적인 삶을 살도록 아이들에게 영감을 주고 기회를 줄 수는 있지만, 선택은 오롯이 그들의 몫이고 아이들이 성공이 무엇인지를 어떻게 느끼고 받아들일지도 알 수 없다. 벤의 부모는 아들에게 삶의 방향을 제시하거나 이끌어주지 않았고, 벤은 스스로 삶의 동력을 발견하고 자기 미래를 만들어 갔다.

좋은 스토리에 대한 도널드 밀러의 재담에 담긴 강력한 진실을 놓치지 말자. 등장인물은 무언가를 원하고 그것을 얻기 위해 난관을 극복하는 캐릭터다. 갈등과 저항, 어려움에 부딪히지 않는다면 우리는 자신의 성취를 소중하게 여기지 않을 것이다.

또한 난관을 예상하는 것은 비관적인 태도가 아니라 성공 능력을 키우는 마음가짐이다. 만약 당신이 가장 좋아하는 여행지에 갈 수 있는 전액 무료 여행권을 선물받았는데 항공사에 문제가 생겨 며칠 동안 발이 묶일 수 있다는 사전 공지를 받았다면, 당신은 "알겠어요!"라고 흔쾌히 대답하고 즐거운 시간을 보낼 계획을 세울 것이다. 하지만 사전 공지가 없었다면 나중에 이 여행을 떠올릴 때마다 "끔찍했던 결항"이라고 이야기하게 될 것이다. 목표를 향해 나아가는 과정에서 난관을 예상하면, 피할 수 없이 시련이 찾아왔을 때에도 이를 '가치 있는 일을 하고 있다는 신호'로 인식할 수 있다. 그러니 난관에 좌절하지 말자.

중립 기어를 놓고 기다리지 마라

영화에서처럼 어떤 마법 같은 일이 일어나서 당신 내면의 원동력을 깨워주기를 바라고 있다면, 그 생각을 바꿔라. 그런 일은 절대 일어나지 않는다. 일어나더라도 그런 마음이라면 그 기회를 제대로 활용하지 못한다. 하고 있는 일을 좋아하지 않으면서도 과감히 떠나지 못하는 사람들이 그렇다. 그러나 현재의 일을 하면서 '더 나은 내 일 찾기'를 주도적으로 고민한다면 안정적으로 월급을 받으면서도 시간을 들여 자신에게 정말 적합한 일에 대해 찾아보고 충분히 고민한 뒤 성공적으로 상황을 바꿀 수 있다. 하지만 대다수의 사람들은 해고되거나, 지쳐서 내던지듯 그만둘 때까지 끔찍한 일자리를 지킨다. 그 뒤에야 생계를 위해 미친 듯이 새 일자리를 찾는다. 더 나은 자리를 찾을 수도 있지만 사실 전보다 못할 가능성이 크다. 충분히 알아보고 고민할 시간 없이 당장의 생계 유지를 위해 급하게 새 직장을 택하게 되기 때문이다.

운 좋게도 열아홉 살에 상황을 자각한 벤과 달리, 많은 사람들이 인생에서 아주 긴 시간을 흘려보내고도 자각하지 못한다. 행복도가 높고, 성취감을 느끼며, 성공한 사람들에게서 관찰되는 두 가지 흥미로운 특징이 있다. 첫째, 그들은 삶에 대한 의지가 강하게 일어난 때가 언제이고 그것이 어떤 동기 때문인지를 안다. 둘째, 이들은 삶에서 '나중에 동기를 찾으면 좋겠다'고 말하지 않는다.

말하자면 **사후 대응**이 아닌 **사전 대응**을 해야 한다. 이해를 돕기 위해 의사의 진료에 비유해 설명해보자. 좋은 친구이자 나와 여러 번 팟캐스트를 공동 진행한 의사 랜디 제임스는 다른 의사들처럼 아픈 환자들을 진료했지만, 병의 사전 예방에 관심을 가지게 됐다. 오늘날 그는 사후 치료와 관리 중심의 서구 의학 체계를 따르는 대신, 기능의학 전문가로서 병의 **예방**에 힘을 쏟고 있다. 고혈압 환자의 경우 랜디는 질병을 관리하는 약을 처방하는 대신에 고혈압을 일으킨 원인을 찾아서 고친다. 물에 빠진 사람을 구해내려는 사람을 비유로 들어보자. 이 사람은 강의 급류에 휘말려 떠내려가는 사람을 보고 뛰어들어 구조한다. 잠시 후 같은 곤경에 처한 사람을 보고 그 사람도 구한다. 물에 빠진 사람을 보면 본능적으로 물에 뛰어들거나 구명조끼를 던진다. 이것이 서구 의학의 일반적인 사고방식이다. 하지만 반복해서 수십 명의 사람들을 구조한 후, 그는 문제를 더 넓은 시각에서 다르게 보게 된다. 왜 그렇게 많은 사람들이 강물에 빠지게 됐는지 알아내기 위해 문제를 찾아 상류로 가보는 것이다. 이처럼 우리는 왜 자신이 삶의 의욕이 부족하고, 원하는 결과를 만들어내지 못하는지에 관해 그 근본을 살펴야 한다.

습관은 자기계발 분야에서 핵심적인 유행어가 되었는데, 우리가 습관적으로 말하거나 생각하는 것이 곧 우리 자신이 되기 때문이다. 좋아하는 신학자인 프레데릭 비크너는 이런 현명한 말을 남겼다. "내가 누구인지 알고 싶다면 자신의 발을 보라. 발이 데려가는 곳이 바로 당신이다." 나는 『습관의 힘』을 쓴 찰스 두히그와 『아주 작은 습관의 힘』을 쓴 제임스 클리어의 연구에서 큰 도움을 받았다. 처음부터 분명한 동기가 있어야 좋은 습관을 들일 의지가 생긴다. 삶의 의욕과 동기가 없는 사람에게 좋은 습관을 들이는 방법을 보여주는 것은 십 대에게 집안일을 시키면서 그 일에 신나하길 바라는 것과 같다. 소용없는 일이다. 그들은 관심이 없다. 용돈으로 어르거나 협박해도 헛수고다. 장기적으로 효과가 있는 유일한 방법은 '인식의 대전환'을 경험하는 것이다. 진정으로 동의할 수 있는 이유가 있어야 사람은 움직인다.

자신이 무엇을 원하는지, 그것을 왜 원하는지를 명확하게 아는 것은 삶에서 아주 큰 소득이다. 그것은 삶의 원동력을 만들어낸다. 자기계발 전문가, 베스트셀러 작가 지그 지글러는 이런 명언을 남겼다. "게으른 사람은 없다. 아프거나 영감을 받지 못한 사람 둘 중 하나일 뿐이다." 당신은 영감을 발견할 수 있다. 삶의 원동력을 만들수 있다.

올바른 목적지를 향해 가자

지금까지 나는 줄곧 **삶의 의욕, 원동력**은 이미 우리 내면에 있고, 다만 그것이 켜져 있는지 꺼져 있는지의 차이라고 정의했다. 물론 인간 행동을 흑 혹은 백으로 칼같이 구분할 수는 없다. 인간은 복잡한 존재다. 벤저민 하디의 이야기를 한번 다르게 살펴보자. 실제로 그는 언제나 삶의 의욕이 있었다. 하지만 때때로 우리는 맹목적으로 운전drive하다가 원치 않는 목적지에 도착하기도 한다. 그의 과거가 그랬다.

삶의 의욕을 이야기할 때, 우리는 긍정적이고 가치 있는 목표와 결과를 위해 열심히 노력하는 모습을 떠올린다. 연예인, 운동선수, 최고 경영자, 대륙을 넘나들며 봉사하는 이들처럼 의욕 넘치고 결연한 사람들을 생각한다. 그러나 약물 중독이나 범죄도 누군가에게는 '삶의 원동력'일 수 있다. 마약 중독자인 벤의 아버지를 다시 생각해보자. '의욕 명예의 전당'이 있다면 마약 중독자들은 아마 첫 번째로 이름을 올릴 것이다. 마약 중독자들은 자신이 무엇을 원하는지, 그리고 문자 그대로 왜 죽을 만큼 그것을 원하는지 너무나 잘 알고 있다. 범죄 조직원이나 상습 범죄자는 어떤가? 벤 또한 하루

15시간이나 비디오 게임을 했다. 가족 관계에서 경험한 상처와 불안정함, 할 수 있는 일이 없다는 답답한 상태에서 벗어나려 비디오 게임에 몰입했던 그 힘을 삶의 원동력이 아니라고 할 수 있을까? 벤은 비디오 게임의 세계에서 뭔가를 스스로 할 수 있었고 극복할 수 있었고 인간으로서 우리가 갈망하는 '발전', 성장과 성공을 가상으로나마 느낄 수 있었다. 사람들이 가상공간에 과하게 빠지는 것은 오늘날 중요한 사회 문제가 됐다. 현실 세계에서 핵심적인 욕망을 충족하지 못하면, 사람들은 인위적으로 충족할 수 있는 공간을 만들려고 한다. 아예 없는 것보다는 차라리 위조품이 낫기 때문이다. 우리 안에 삶의 원동력이 있기 때문에, 우리는 그 힘을 사용하기 위해, 소파에 앉아 넷플릭스를 보며 삶의 의욕이 넘치는 화면 속 등장인물로 대리 만족을 한다.

한 쌍둥이를 상상해보자. 한 명은 새벽 5시에 일어나 명상하고, 운동하고, 하루의 계획을 세운다. 샤워를 마치고 7시 30분에 집을 나서며 멋진 하루를 연다. 영감을 주는 일을 하고, 친구와 동료들을 만나며, 낭만적인 연애 상대와 저녁 식사를 하고, 집에 돌아와 호흡 명상을 하고 은은한 조명 아래서 책을 읽고 글을 쓴다. 그리고 9시면 불을 끄고 일찍 잠자리에 든다. 다른 한 명은 아침 10시가 돼야 느지막이 일어난다. 오후 2시에 일어날 때도 있다. 침대에서 느릿느릿 기어 나와 시리얼과 싸구려 커피로 아침을 대충 때우면서 몇 시간이고 소셜 미디어 창을 휙휙 넘긴다. 그러고 나서는 치킨을 주문하려 배달 어플을 켠다. 일을 마치고는 새벽 2시고 3시고 대중

없이 TV를 본다. 쌍둥이 중 어떤 쪽이 삶의 의욕이 있을까? 둘 다이다. 두 사람 다 미래에 어떤 결과를 불러올 삶의 의욕에 계속해서 영양분을 공급하고 있다.

어릴 때 나는 TV 프로그램 「리플리의 믿거나 말거나」와 기네스북에 매료됐었다. 당시 650킬로그램의 몸무게를 기록했고 지금까지도 '가장 무거운 남자'로 이름을 올리고 있는 존 브라우어 미노치가 여전히 선명하게 떠오른다. 그리고 동시에 질문 하나가 떠오른다. '그 사람은 어떤 동기로 그렇게 된 걸까?'

그 역시 자기 몸에 해로운 일에 대단히 의욕이 넘쳤던 것이다. 해로운 일을 하려는 욕구가 긍정적인 일을 하려는 욕구를 종종 능가하기도 한다. 모든 사람에게는 삶의 의욕이 있고, 많이 있다. 중요한 점은 자신이 바라는 방향으로 삶의 의욕을 사용하는 것이다. 무엇을 원하고 왜 원하는지 알고 진정한 삶의 의욕을 지닐 때, 우리는 삶을 풍요롭게 하는 목표를 향해 나아간다. 원하는 것과 이유가 불분명해도 여전히 삶의 의욕은 있겠지만, 자신이 진정으로 원하는 목적지에는 이르지 못한다.

랠리 카 레이싱은 두 명의 운전자가 한 팀이 되어 하는 스포츠다. 길은 울퉁불퉁한 비포장도로고, 꺾인 길 다음을 알 수 없는 블라인드 코너가 등장한다. 최고 속도로 운전하기 위해서는 정밀한 계획이 필요하기에 주 운전자는 코스를 미리 운전하고, 동승한 코드라이버co-driver는 코스와 속도를 노트에 기록한다. 코드라이버 없이 시각에만 의존하면 빠르게 달릴 수 없다. 코드라이버는 코스를 연구하고 기록해서 다음 코스가 어떻게 되는지, 어떤 기어를 사용해야 하는지, 길에서 울퉁불퉁하게 튀어나온 곳과 블라인드 코너, 교차로에서 왼쪽으로 운전해야 할지 오른쪽으로 운전해야 할지 같은 것을 알려준다. 운전자는 운전에 집중하고, 올바른 길(또는 잘못된 길)로 가거나 승리(또는 충돌)할 수 있는 키를 쥔 것은 코드라이버다.

인생에서도 우리는 결코 홀로 운전하지 않는다. 로봇에게 길을 입력하고 운전을 시키면 로봇은 혼자 알아서 운전한다. 하지만 우리는 인간이다. 특히 외딴 길을 빠른 속도로 달릴 때는 **동기**라고 알려진 많은 코드라이버가 함께 운전한다. 우리는 종종 그들을 우리 머릿속 목소리라고 부른다. 즉, 우리의 생각들이다. 어떤 생각은 인지하지만, 인지하지 못하는 것들도 많다. 그 목소리들은 우리를 올바르거나 잘못된 목적지로 이끈다. 당신이 서른 살이라고 한다면, 당신에게는 운전 중 당신의 감정에 영향을 끼치는 30년간 축적된 프로그램이 있다. 당신은 운전하면서 희열을 느낄 수도 있고, 반대로 완전히 공포에 질릴 수도 있다. 그리고 이런 감정은 당신이 얼마나 빨리 또는 천천히 갈지, 길이 얼마나 울퉁불퉁할지, 라디오 볼륨, 온도, 궁극적으로는 당신이 가는 방향과 목적지에 영향을 미친다.

당신에게는 코드라이버인 '동기'가 있고, 만족스러운 결과를 얻고자 하는 삶의 영역들이 있다. 그리고 당신이 동의하지 않는 코드라이버 동기가 있는 다른 영역들이 있다. 당신이 좌절, 죄책감, 분노, 절망을 경험하는 곳이다. 심한 경우, 코드라이버인 동기가 당신을 조수석으로 밀쳐내 통제권을 빼앗고 당신 대신 운전대를 잡을 수도 있다.

　좋은 소식은 동기가 당신을 올바른 방향, 즉 당신에게 맞는 방향으로 당신을 이끌게 할 수 있다는 것이다. 당신은 트라우마, 비극, 두려움이라는 끔찍한 프로그램 속에서도 자신을 통제할 수 있다. 운전자로서 완전한 통제권을 쥔다고 해서 코드라이버인 동기가 주는 모든 것을 극복할 수 있다는 의미는 아니지만, 동기를 인식하고 관리하며 방향을 수정하는 방법을 배울 수 있다.

행복은 삶의 의욕에서 시작된다

여러분은 삶의 의욕을 키워서 원하는 결과를 얻고 직면한 문제를 해결하고 싶다는 열망으로 이 책을 집어 들었을 것이다. 하지만 삶의 의욕을 키워서 가장 크게 얻을 수 있는 것은 매일 아침 나날이 발전해 가는 하루에 대한 희망과 설렘으로 깨어나는 것이다. 이런 열정은 많은 이들이 겪는 무기력, 우울증, 절망에 대한 치료제이다.

　팟캐스트 초창기에 나는 작가이자 천체물리학 박사로 뉴욕대학교에서 강의를 하고 있는 조슈아 스포덱과 대화를 나눴다. 당시에 조슈아에 대한 두 가지가 나의 관심을 끌었다. 하나는 그가 3000여 일의 시간 동안 하루도 거르지 않고 버피 운동을 해 왔다는 점이었고, 또 하나는 그가 "스스로 매일 도전하는 건강한 운동self-imposed daily challenging healthy activities"의 머리글자를 딴 SIDCHA라는 이름의 블로그를 운영하고 있다는 점이었다. 그의 이야기는 내게 많은 깨달음을 주었다.

조슈아는 SIDCHA에서 얻는 이점이 신체적인 것보다는 매일 운동에 도전하면서 하루하루 정신력을 쌓아 가는 것이라고 말했다. 누군가 시켜서가 아니라 자발적으로 매일 스스로 도전함으로써 어떤 어려운 일도 해낼 수 있는 사람이 되는 것이었다. 나는 결과에 민감할 수밖에 없는 프로 사이클러 출신이다. 우승을 해야 상금을 타고, 가장 최신의 성과로 평가를 받는다. 완주를 한 것만으로는 보상이 주어지지 않는다. 나는 SIDCHA를 설명하는 조슈아의 글을 처음 읽었을 때 "스스로 매일 도전하는 건강한 운동"으로 얻을 수 있는 최종 결과, 즉 보상에 끌렸다. 매일 훈련하면 그 보상은 자전거 경주 우승이다. 매일 건강한 식사를 하면 건강이라는 보상을 얻는다. 매일 무언가를 배우면 지식이라는 보상을 얻는다. 나는 버피 운동을 별로 좋아하지 않지만 정신적으로 강인한 사람이 되는 것은 좋다.

우리는 의욕이 넘쳤지만 원하는 바를 얻지 못해 절망한 사람들의 이야기를 너무 많이 알고 있다. 그들은 보상이라는 목적지에 집중하고 운전, 즉 삶의 의욕 자체가 주는 즐거움을 즐기지 못했다. 삶의 원동력은 단순히 원하는 결과를 얻고 문제를 해결하기 위한 것이 아니다. 삶의 원동력은 주어진 매일을 기대하는, 즐거움과 성취감을 느끼는 사람이 되게 해준다. 이것을 깨닫게 되면, 우리는 변함없이 계속해서 삶의 원동력을 즐길 수 있다.

O 삶의 원동력은 우리 자신의 자각과 결심으로 일어난다. 계기가 되는 큰 사건이 일어나서 삶의 원동력을 깨워주길 기다리지 마라. 자각이란 어떤 일이 일어나고 있는지 인식하고 앞으로 어떤 일이 일어나길 원하는지 명확하게 아는 것, 그리고 그에 따라 방향을 전환하는 것이다. 당신은 자신의 현 상태를 '자각'했는가?

O 원동력이 넘쳐 성공을 하는 삶의 영역이 있지만, 비슷하게 노력해도 부족한 결과를 얻는 영역이 있다. 진정한 욕구와 상충하는 무언가가 내가 인지하지 못하는 더 깊은 곳에서 나를 움직이고 있을 가능성이 높다. 이 책의 각 장을 읽으며 삶의 핵심 영역에서 나를 움직이는 원동력이 무엇이고 내가 진정으로 무엇을 원하는지를 명확히 파악해보라.

O 삶의 원동력은 엄청난 노력, 투지, 의지력으로 유지하는 것이 아니라, 단순히 경로를 바꾸는 것으로도 지켜낼 수 있다. 만약 당신이 바다를 향해 운전하고 있는데 산으로 가고 싶다는 것을 깨달으면, 방향을 바꾸는 것이다.

O 누구에게나 삶의 원동력이 있다. 어디를 향해 가고 싶은지 더 명확하게 아는 사람과 그렇지 않은 사람의 차이일 뿐이다. 당신도 필요한 삶의 원동력을 이미 가지고 있다.

○ 자신이 무엇을 원하는지 모르겠다면, 원하지 않는 것은 무엇인지 떠올려보라.

○ 원하는 것을 얻기까지 난관이 있을 수 있다. 만약 그 난관에 진정한 가치가 있다면, 그 또한 당신에게 영감과 도전 의식을 선물할 것이다.

○ 운전(삶의 의욕) 자체를 즐기자. 목적지에 도달하는 자체보다 더 큰 만족감을 얻을 수 있다.

2장
남의 것이 아닌
'나의 동기'를 찾아라

○
모든 사람은 저마다 가진 능력 범위 내에서 가장 크게 성공할 기회가
있다. 필요한 것은 내가 가진 것들로부터 원동력을 한데 모으는 것이다.

스물여덟 살의 알렉산더 셀커크는 영국 왕실이 합법화한 사략선
privateer의 일원으로, 성미가 급하기로 유명한 사람이었다. 1704년
10월, 영국 남동부 5개 항의 연합인 싱크포트 소속 항해사인 그는
칠레의 발파라이소에서 서쪽으로 673킬로미터 떨어진 곳에 정박한
동안, 선장이 지나치게 거만하다고 느껴 그에게 반기를 들었고 근처
의 가장 가까운 큰 섬에 내려 달라고 요구했다. 선장은 그러겠다고
했고 알렉산더는 배에서 내렸다. 그는 많은 동료들이 여기에 동참해
줄 것이라 기대했지만 아무도 내리지 않았다. 깜짝 놀라 다시 배에
타겠다고 했지만 거절당하고 말았다. 그 이후로 그는 4년 4개월 동
안 그 섬에서 홀로 지냈다.

알렉산더의 후손인 브루스 셀크레이그가 이후 잡지 「스미스소

니언」에 쓴 것처럼, 알렉산더는 배에서 내리면서 "침구, 소총, 권총, 화약, 도끼, 칼, 항해 도구, 냄비, 담배 900그램, 약간의 치즈와 잼, 럼주 한 병과 그가 가지고 있던 성경"[1]을 받았다. 처음엔 허탈감에 사로잡혔지만, 이내 그는 식량을 구할 곳, 맹수를 피하는 방법, 안전하게 지낼 곳을 찾는 방법, 온전한 정신을 유지하며 시간을 보내는 방법을 익혔다.

1709년 2월의 어느 날, 운명적이게도 그는 듀크호라는 배에 의해 구조되었다. 듀크호 선장인 우즈 로저스는 알렉산더의 이야기에 크게 매료되었고, 1712년 언론인 리처드 스틸과 함께 이 이야기를 책으로 펴내 알렉산더를 유명하게 만들었다. 그들은 섬 생활이 행실이 불량했던 알렉산더를 어떻게 바꿔놓았는지를 묘사하며 "그의 삶은 매일이 축제가 됐고, 권태로웠던 예전보다 훨씬 더 즐거워졌다"고 썼다. 그들은 알렉산더가 악덕과 술, 담배, 심지어 소금으로부터 자유롭게 사는 법을 배웠다며, 그가 맨발로 날렵하게 바위언덕을 뛰어다니며 어떤 염소도 놓치지 않고 사냥하는 모습에 대해 썼다. 그는 찬송가를 부르고 기도했고, 고독을 즐기며 시간을 보냈다.

영국 작가 대니얼 디포는 1719년에 이 이야기를 『로빈슨 크루소』라는 책으로 출판했다. 초판 1000부가 빠르게 소진되고 네 번째 인쇄를 거치며 로빈슨 크루소의 이름은 널리 알려졌다. 이 소설은 이후 『스위스의 로빈슨 가족』을 비롯한 많은 조난 소설에 영감을 주었고, 재난에 관한 이야기를 생존뿐만 아니라 한 사람의 성장과 발

전에 관한 이야기로 바꾸었다.

제한된 자원과 개인의 능력으로 삶을 유지할 수 있어야 한다는 유사한 교훈을 담은 책, 영화 등이 있다. 내가 열네 살이던 1985년에는 TV 드라마 「맥가이버」가 방영을 시작해 7년 동안이나 방송되며 큰 인기를 끌었다. 그때의 십 대들과 마찬가지로 나도 이 드라마를 거의 한 편도 놓치지 않고 봤다. 나는 총을 쓰지 않고 주변에서 구할 수 있는 것들을 무기로 적을 물리치고 세계를 구해내는 주인공의 천재적인 공학적 지식에 감탄했고 '비밀 요원'의 매력에 푹 빠졌다. 우리는 무언가를 능수능란하게 만들어내는 것을 가리켜 심지어 '맥가이버링MacGyvering'이라고 부르기까지 했다. 크루소에서 맥가이버까지, 이러한 인물들은 우리가 이미 알고 있는 사실을 다시 한번 일깨워준다. 한정된 자원은 생존뿐만 아니라 성공에 대한 원동력, 추진력을 촉발한다. "필요는 발명의 어머니"라는 옛 속담이 있듯이.

사용할 수 있는 자원이 넘친다면 우리는 혼란과 좌절, 무관심에 빠진다. 선택지가 지나치게 많으면 감당하기가 힘들어진다. 심리학자 쉬나 아이엔가와 마크 리퍼는 마트에 잼을 진열하는 실험[2]을 진행했다. 24가지 종류의 잼이 진열되었을 때 사람들의 관심도는 높았지만, 잼을 구매할 가능성은 오히려 6가지의 잼만 진열됐을 때가 10배 더 높았다. 6쪽에 이르는 메뉴판에 100가지 메뉴가 있을 때 당신은 어떤 기분일까? 지나치게 많은 선택지는 당신을 혼란에 빠뜨릴 것이다. 이 사실은 특히 사업에서 매우 중요하다. 상대방에게 너무 많은 선택지를 제시하면 원하는 결과나 대답을 얻기는 더 힘들어진다.

자원과 선택지가 한정된 상황에서 사람들은 영감을 얻고 희망을 발견하곤 한다. 무한한 선택권이 주어지면 완벽한 결과를 내야 한다는 압박감이 커지고, 이는 우리를 압도하고 무력감을 느끼게 한다. 하지만 한계가 있을 때 우리는 가능성을 바라고 믿게 된다. 이에 더해 삶의 원동력을 구성하고 이끄는 자신만의 독특한 특성을 발견하면 그때 우리는 전속력으로 힘껏 페달을 밟을 수 있다.

나에게만 있는 '한 가지'는 무엇일까

"당신은 무엇이든 될 수 있고, 무엇이든 할 수 있다." 이 말은 우리에게 너무나 많은 선택지를 주기에 우리를 무력하게 하는 말이다. 이 말은 완전한 거짓말이다. 설령 무엇이든 될 수 있고 무엇이든 할 수 있다는 말이 사실이라 해도, 우리는 모든 것을 아주 잘할 수는 없다. 그리고 자신은 예외적인 존재이길 바라더라도, 그 예외가 되기 위해 계획을 하고 노력하는 경우는 거의 없다. 우리가 지닌 능력은 무한하지 않고, 저마다 고유의 재능과 성향을 타고났다. 이것이 우리 삶의 원동력을 결정하고 각자의 본성에 맞는 성공으로 이끈다.

NBA 선수의 평균 키는 195센티미터고 몸무게는 약 98킬로그램이다. 그런데 1987년, 농구 팀 '워싱턴 불렛'은 드래프트 전체

12순위로 키 160센티미터에 몸무게 62킬로그램에 불과한 먹시 보그스를 지명했고, 결국 모든 사람들이 그의 이름을 알게 되었다. NBA 선수의 평균 키에 턱없이 못 미치는 단신이었지만 그가 무척 뛰어난 선수였기 때문이다. 오늘날 195센티미터 키인 NBA 선수의 평균 서전트 점프는 71센티미터이지만, 먹시는 112센티미터라는 깜짝 놀랄 만한 기록을 남겼다. 키가 크면 NBA 스타가 될 확률이 훨씬 더 높다. 하지만 모든 사람은 저마다 가진 능력 범위 내에서 가장 크게 성공할 기회가 있다. 필요한 것은 내가 가진 것들로부터 원동력을 한데 모으는 것이다.

자신이 외딴 섬에 홀로 남은 알렉산더라고 생각해보자. 가지고 있는 것만으로 필요한 것을 만들어내는 맥가이버라고 생각해보자. 물론 남보다 더 조건이 나은 사람들도 있을 것이다. 하지만 먹시의 이야기를 보라. 어려운 조건을 이겨내고 우리는 챔피언이 될 수 있다. 물론 현실은 만만하지 않다. 나는 여기서 현실을 미화하려는 것이 아니라 우리에게 정말 각자만의 희망과 가능성이 있다고 말하는 것이다. 남들과 똑같이 슬램덩크를 할 때 더 열심히 노력해서 두 배 더 높이 점프를 한다면 말이다.

자동차도 원동력이 있어야 앞으로 나간다. 자신을 차에 비유해서 생각해보자. 차틀과 차체, 엔진, 바퀴와 브레이크 등을 떠올려보라. 누군가는 어린이들이 즐겨 그리는 짐칸 있는 트럭을, 누군가는 요즘 잘나가는 전기차를 떠올리기도 할 것이다. 연료를 많이 쓰는 덩치 큰 지프차를 떠올리는 이도 있을 것이다. 이처럼 각자 떠올리는 차들은 공통적으로 자동차로서의 기본 틀은 같지만 각 차를 구성하는 요소들은 전부 다르다. 이 구성 요소들은 우리가 선택한 것도 있고, 선택하지 않은 것도 있다. 선택할 수 있는 것도 있지만, 선택할 수 없는 것도 있다. 다양한 선택지로 다양하게 차를 업그레이드하고 외관과 내부를 바꿀 수는 있지만, 그렇다고 해서 무한하게 가능한 것은 아니다.

많은 이들이 지금 자신이 맞지 않는 방향으로 운전해 가고 있다는 사실을 깨달을 것이다. 잘못된 욕망으로 인해 반복해서 좌절하고 번아웃에 시달리지만 그 이유를 알지 못한다. 이제부터 설명하려는 내용에서 여러분은 새로운 자유, 더 현실적이고 합리적인 자유를 발견하게 될 것이다.

삶의 원동력에 영향을 미치는 5단계 기어

설명하기 전에 먼저 경고와 희망의 말을 전한다. 만약 당신이 과거에 어려운 성장 과정이나 트라우마를 겪었다면 지금부터 이야기할 내용이 처음에는 읽기 힘들 수 있다. 당신이 힘들 수도 있다는 것을 이해하고 존중한다. 내 팟캐스트에 출연한 200여 명의 게스트도 대개가 성공해서 행복한 삶을 누리는 현재와 달리 과거에 큰 어려움과 두려움을 겪었다고 말했다. 이들은 한계에 주저앉지 않으려 용기를 내 노력했고, 시련을 오히려 성공의 밑거름으로 삼았다.

2부에서는 삶의 핵심 성취 영역과, 여기에 본질적으로 영향을 끼치는 다섯 가지 요소들을 함께 살펴볼 것이다. 이 다섯 가지 기어를 먼저 간단하게 살펴보자.

1단 기어: 물려받은 유전자

성취에 영향을 끼치는 결정적 요인이 후천적 습득(환경 등)이냐 선천적 요인(유전자)이냐의 문제는 오랫동안 매우 논쟁적인 주제이지만, 자기계발 분야에서는 당연히 후천적 요인에 무게가 실린다. 당연히 그렇다. 자신에 대해 바꿀 수 없는 것은 바꿀 수 없다. 바꿀 수 없는 것에 시간을 써 가며 고민할 필요는 없다. 바꿀 수 있는 것에 집중해야 한다.

캘리포니아대학 심리학 교수 소냐 류보머스키는 세계 최고의 행복 전문가다. 그녀는 '행복을 결정하는 요인'이라는 제목의 그래프에서 행복의 50퍼센트가 유전적 요인, 40퍼센트가 의도적 행동, 10퍼센트가 환경에 좌우된다고 이야기했다.[3] 팟캐스트에 게스트로 출연한 작가 닉 피전에게서 이 연구를 처음 들었을 때 나는 유전적 요인이 높은 비율을 차지한다는 사실에 다소 실망했었다. 류보머스키와 많은 동료 연구자들은 연구 결과를 발표하며 유전자가 행복을 **결정**한다는 인식을 심어줄까 봐 고심했다고 한다. 그들이 내린 결론은 유전자가 행복할 가능성의 50퍼센트를 결정하지는 않지만, 통계적으로 행복이 시작되는 출발점에 50퍼센트의 영향을 끼친다

는 것이었다. 따라서 조상들이 모두 우울한 비관론자였더라도 지구
상에서 가장 행복한 사람이 될 수 있다. 다만 낙천주의자가 많은 집
안에서 태어났을 때보다 더 큰 틈을 메워야 할 수도 있다. 말하자면
선대에 감정적으로 슬픔을 더 잘 느끼는 이들이 있었다고 해서 나
도 반드시 슬픈 유전자를 지니는 것은 아니다. 그럴 수도 있지만 그
렇더라도 단지 '그럴 가능성이 있는' 감정적 출발점일 뿐이다. 우리
는 바꿀 수 없는 특성이 아니라 바꿀 수 있는 것에 집중해야 한다.

태어날 때부터 우리는 이미 유전적으로 타고난 삶의 원동력
성향이 있다. 그것을 인식하며 우리는 '1단 기어'로 움직인다. 이를
CD에 비유해서 이야기해보자. 지금은 구식처럼 느껴지겠지만, 예
전에는 디지털 파일을 CD에 저장했다. 파일을 저장한 후 CD를 빛
에 비춰 보면 홈이 새겨져 있다. 그 홈들은 우리가 세상 밖으로 나와
피부가 지구의 공기에 닿기도 전에 갖추고 있는 유전자와 같다. 신
앙을 기반으로 하는 문화권에서는 '조상의 죄'가 3~4대에 걸쳐 대
물림된다는 믿음이 있으며, 과학에서도 고증조부모에게 일어난 일
이 여전히 현 세대의 DNA에 존재할 수 있다는 주장이 있다.

그러나 과거에 최악의 일을 겪은 사람도 누구보다 뛰어나게
성공할 수 있기 때문에, 중요한 것은 유전적 구성이 도움이 되느냐,
해가 되느냐가 아니다. 초기에 새겨진 홈은 결코 완전히 되돌릴 수
없다. 하지만 인식하고 관리할 수는 있다. 그럼으로써 다스리거나
더 잘 활용할 수 있다.

배움과 성장을 추구하고 인생에서 많은 성공과 성취를 이룬

집안에서 태어났다면 더 유리한 지점에서 출발할 수 있다. 반대로 당신의 선대가 전쟁과 비극으로 황폐해진 문화에서 두려움에 사로잡힌 채 살았을 수도 있다. 큰 문제없이 평탄하게 지내는 것이 최선이라는 생각으로 살았을 수도 있다. 당신이 물려받은 유전자가 당신의 삶의 원동력을 결정하지는 않겠지만, 삶의 의욕을 느끼기가 왜 조금 더 쉬운 것인지 또는 왜 더 어려운 것인지 이해하는 데 도움이 될 수 있다. 자신을 잘 아는 것은 폭발적인 성장으로 가는 가장 강력한 무기다.

뭐라고 딱히 꼽을 수는 없는 무언가가 삶의 의욕을 가로막고 있다고 느끼는 사람들에게 한마디 격려의 말을 하고 싶다. 유전적 기질 때문에 삶의 의욕을 찾는 것이 더 어려울 수도 있다. 이를 받아들이고 마음의 여유를 갖자. 그런 다음 삶의 원동력을 끌어모으자. 먹시 보그스처럼 수직 점프를 높이 하려면 당신은 더 노력해야 한다. 당신의 능력은 제한되어 있지 않고 단지 더 도전해야 할 뿐이다. 당신은 할 수 있다.

2단 기어: 부모와 환경

세뇌라는 개념은 한국전쟁이 있던 1950년대에 유명해졌다. 기자 에드워드 헌터는 「마이애미 데일리 뉴스」에 "중국인들이 세뇌 전술에 의해 공산당 대열에 합류한다"[4]는 헤드라인의 기사를 썼다. 세뇌 전술은 미국의 입장에서 왜 수많은 사람들이 공산주의자가 되는지 설명할 가장 좋은 방법이었고, 기사는 중국인들을 로봇과 좀비의 혼합으로 묘사했다. 많은 미국인 전쟁 포로들이 거짓으로 전쟁 범죄를 고백하고, 미국 정부에 전쟁을 끝내 달라고 청원하며, 심지어 자신들이 저지르지 않은 범죄에 대해 자백하는 서명을 하면서 당시 세뇌라는 개념은 크게 이슈가 됐다.

이후 포로와 세뇌, 마인드 컨트롤에 관한 수많은 연구가 줄을 이었다. 한 정신과 의사는 전시에 있었던 세뇌에 관해 몇 가지 중요한 측면을 정확히 지적했는데, 이는 부모의 영향 아래 성장하는 것과 상당히 유사하다.

세뇌는 다른 사람에 의해 완전히 통제당하면서 자신이 진실이라고 믿지 않는 것들을 고백하도록 강요당하는 환경에 있을 때 발생한다. 제대로 된 심리 치료를 받기 전까지는 허용된 방식으로 삶을 바라보고 받아들이게 된다. 성장하는 시기에 자신이 전시의 세뇌와 마인드 컨트롤과 동일한 영향력 아래 있었다는 사실을 깨닫는 것은 감당하기 벅찬 일일 수 있다. 나는 내 가족과 관련해 이를 인정한다. 내 아이들은 세상에 태어나는 것을 선택하지 않았다. 내가 아이들에게 무언가를 설득하려 할 때면 아이들은 가끔씩 이 사실을 내게 상기시켜 준다. 아이들은 해발 2835미터의 국유림에 위치한, 짚단 더미로 벽을 만든 크고 이상한 집에서 자라는 것을 선택하지 않았다. 아이들은 옆집에 이웃이 있는 동네에서 사는 것이 어떤 것인지 모르기 때문에 이것만으로도 아이들이 마주할 '현실'의 많은 부분이 결정됐다. 대부분 아이들의 성장기 동안 집에는 휴대폰이 없었는데, 이는 십 대에게 고문과 같다. 오랜 기간 아이들은 홈스쿨링을 받았고, 이에 대해 약간의 불만을 토로하기도 했다. 나는 좋은 의도로 아이들의 TV 시청이나 과외 활동을 제한했지만 아이들은 고립감을 느끼기도 했다. 마트에서 장을 보고 요리를 해줄 때에도 아이들에게 선택권이 없는 경우가 있었다.

이보다 더 큰 문제는 우리가 아이들에게 부여한 도덕, 가치관, 일반적인 삶의 관점이었다. 물론 나는 나의 인생관이 옳고 선하다고 생각하지만, 그것은 나만의 생각일 뿐이다. 아무리 열린 마음으로 아이들을 대하려 해도 자녀를 방치하지 않는 한, 삶에 대한 견해를 말해줘야 했다.

부모로서 아이들에게 영향을 끼치지 않기란 불가능하다. 자녀라면 부모에게서 엄청나게 큰 영향을 받는다. 새겨진 홈을 완전히 지울 수는 없다. 성장기 내내 CD에서, 새겨진 홈으로부터 흘러나오는 노래들이 누군가의 자녀인 당신에게 매일 반복되었다. 당신이 선택한 곡은 아니었지만 그에 맞춰 춤을 추었다. 더 나은 것을 당신은 알지 못했다. 우리가 삶에서 갈망하는 것은 신뢰와 소속감이다. 자녀의 정신을 고양할 수 있는 훌륭한 음악을 들려주려 노력하는 부모도 있지만, 신뢰와 소속감을 해치고 상처 주는 해로운 노래를 들려주는 부모도 있다.

그렇다면 어떻게 해야 할까? 인생의 CD는 무한하니 새로운 홈을 계속해서 만들 수 있다. 원하는 만큼 새로운 홈을 만들어보라. 오래된 음악은 그만 듣자. 새로운 노래를 CD에 담고 춤을 추다보면 시간이 지나며 자연스럽게 오래된 노래는 듣지 않게 된다.

삶의 원동력, 그리고 성향과 관련해 부모는 자녀에게 가장 큰 본보기이자 중요한 기준점이다. 자녀는 부모가 보여주는 것을 따르거나 반항한다. 부모가 삶의 의지를 찬양하고 설교하면 맹목적으로 부모를 따르다 결국 번아웃되는 자녀도 있고, 맹목적으로 반항하고 아무것도 하지 않는 자녀도 있다. 아이들에게 세상은 나쁜 곳이며 "너희는 아무것도 할 수 없을 거야"라고 끊임없이 말하는 부모도 있다. 이를 받아들이고 같은 패턴과 같은 노래를 반복하는 아이가 있는 반면, "부모님 말이 틀렸다는 것을 증명하고 말거야!"라고 반항하며 큰 성공을 거두지만 마음의 평화나 성취감을 얻지 못하기도 한다.

진정으로 원하는 것이 무엇인지 모를 때, 우리가 하는 노력의 대부분은 우리의 환경과 주변 사람들의 기대, 그러한 기대에 대한 우리의 수용 또는 거부에 따른다. 이는 우리가 과거와 구분되는 자신만의 현실을 창조하는 것을 가로막는다. 안타까운 사실은 대부분의 사람이 자신이 진정으로 원하는 것을 만나지 못한다는 것이다.

3단 기어: 내가 진정으로 원하는 것

나의 조부모님은 아미시 집안에서 태어났다. 수염을 기르고, 전기 없이 생활하며, 말과 마차를 모는 정통 아미시였다. 부모님은 믿을 수 없을 정도로 보수적인 신앙을 유지했지만 아미시 생활 방식은 성인이 되면서 벗어났다. 그 한 예로 아버지는 청년 시절 차를 구입해 몰았다. 그러면서 아버지는 차를 사랑하게 됐다. 아버지는 오래된 부품들을 조합해 차를 통째로 새로 만들 만큼 차에 해박해서, 나는 항상 아버지를 완벽한 자동차 전문가로 여겼다. 아버지의 자동차 사업을 도와드리면서 자동차 관련 잡지도 구독하고, 좋아하는 유럽 자동차 사진과 그림이 많이 실린 크고 비싼 도록도 구입했다. 15살에는 처음으로 오래된 중고 포르쉐를 사서 아버지의 도움으로 차를 수리해 몰았다. 자동차 경주에 참가할 생각까지 있었지만 프로 사이클링에 전념하게 됐고, 자전거를 싣고 팀 동료들을 태우기에 실용적인 차를 구입했다.

그 이후로 나는 자동차를 단순히 이동 수단으로 여기고 있다. 요즘에는 대부분의 시간을 두 대의 덩치 큰 차로 산골 집에서 아이들을 통학시키고 자전거, 쓰레기를 나르면서 보내고 있다. 내가 대단한 자동차 전문가가 아니라는 것을 언젠가부터 깨닫게 됐지만, 아버지의 영향으로 어린 시절부터 자동차에 대해 남들보다 훨씬 많이 알게 됐다. 만약 내가 어린 시절 아버지의 영향으로 자동차 업계에 뛰어들었다면 그건 잘못된 선택이었을 것이다. 부모님이 당신들이 직접 경험하지 못한 것들을 내게 경험할 수 있도록 해주시고 응원해주신 데 감사한 마음이다. 나는 오래된 유럽 스포츠카를 좋아해서, 만약 로키산맥의 험준한 산골에 살지 않았다면 오래된 포르쉐를 몹시 갖고 싶어 했을 것이다.

많은 경험을 해보고 영감을 얻지 못하면 자신이 진정으로 원하는 것이 무엇인지 알기 어려울 수 있다. 아버지는 평생 다른 사람 밑에서 일한 적이 없으셔서, 나 역시 오로지 내 사업을 하는 것만 알았고, 평생을 그렇게 살아왔다. 만약 아버지가 의사였다면 내 친구인 랜디가 의사였던 아버지의 발자취를 따른 것처럼 나 역시 의사의 길을 걸었을 가능성이 충분하다. 경험해본 적이 없는데 군대나 농업, 첨단 기술, 학계에 관심을 가지게 될 가능성은 아무래도 적었을 것이다. <u>진정으로 원하는 것이 무엇인지를 알려면 자신이 어떤 영향을 받아 왔는지를 이해하고 새로운 영향에 대해 개방적이어야 한다.</u>

작가 린 트위스트Lynne Twist가 다섯 살이었을 때, 그녀의 어머니는 당시 많은 부모들이 그렇듯 이렇게 말했다. "한국에는 먹을 것이 없어서 아이들이 굶고 있으니 남기지 말고 다 먹어야 한단다." 어린 린이 그 말이 정말인지 묻자 어머니는 한국에서는 그녀 또래의 아이들이 며칠이 지나도록 아무것도 먹지 못한다고 대답했다. 린은 그 순간에 자신이 커서 어떤 일을 할지를 정했다고 말한다.

세월이 흘러 서른두 살이 된 린은 에르하르트 세미나 훈련 과정의 설립자인 작가 베르너 에르하르트Werner Erhard가 이끄는 세미나에 보조로 참여해 대학 교수들과 유명 가수인 존 덴버를 비롯한 60명의 VIP 참석자를 응대했다. 이 자리에서 베르너는 세계의 기아를 종식시키고 빈곤에 처한 수백만 명의 사람들을 돕기 위해 자신이 설립한 기아 프로젝트The Hunger Project라는 단체를 발표했다. 린은 그 순간 숨을 제대로 쉬지 못할 정도로 눈물을 흘리며 자신이 이

프로젝트의 일원이 되어야 하고 이것이 자신이 평생 추구할 일이라고 굳게 다짐했다. 린은 이후 20년 동안 기아 프로젝트에 참여해 수백만 달러의 후원금을 모금했으며, 사회 정의와 지속 가능한 환경을 만드는 데 헌신하는 세계적인 활동가로 인정받고 있다. 그녀는 마더 테레사와 함께 인도의 콜카타, 에티오피아의 난민자 캠프, 아마존의 열대 우림 등에서 일했다.

진정으로 원하는 것을 찾기 위해 1년, 혹은 10년에 걸쳐 지구의 모든 것을 경험하려고 노력할 필요는 없다. 그저 당신의 타고난 성향을 파악하고 분야를 좁히면 된다. 이를 위해 세 가지 성격 유형 검사를 소개하고, 나 자신을 예로 들어 검사 결과를 어떻게 활용할 수 있는지를 보여주려 한다. 당신도 검사를 하며 자신의 전반적인 성향을 파악해보자. 성격 유형 검사가 당신이 타고난 성향을 정확히 알려주는 것은 아니지만, 감출 수 없는 유전과 가족의 영향을 말해주는 증거는 된다.

디스크DISC와 에니어그램은 둘 다 인기 있고 의미 있는 성격 유형 검사이지만, 여기서는 내 친구 조너선 필즈Jonathan Fields의 성격 유형 검사 스파크타입Sparketype을 소개하려 한다. (검사는 www.sparketype.com에서 무료로 해볼 수 있다.) 비교적 단순한 이 검사는 당신이 무엇에서 즐거움을 느끼는지, 당신이 하는 일과 관련해 무엇이 당신을 움직이게 하는지를 판별하는 데 중점을 둔다. 나는 '메이커Maker'라는 결과가 나왔는데, 내가 무언가를 만들 때 가장 영감을 받고 삶의 의욕이 넘친다는 것을 확인할 수 있었다. 나는 생각이나 아이디어를 떠올리고 아무것도 없는 빈 종이 위에 뭔가에 대한 틀을 짜는 것을 좋아한다. 벽, 지붕, 현관, 이층 침대에 대한 아이디어와 나무와 나사를 가지고 집에 새로 들일 무언가를 구상하는 일을 좋아한다. 아침에 일어나 그때그때 떠오르는 하고 싶은 일을 자유롭게 하는 것을 좋아한다. 이런 생활이 나에게 활력을 불어넣어주고, 나는 더 많은 영감과 성취감, 삶의 원동력을 얻게 된다. 이 성격 검사는 또한 당신이 가장 힘을 얻지 못하는 성격 유형이 무엇인지도 알려준다. 나는 '양육형'으로 나왔고 가족들도 이 점을 잘 알고 있다. 그렇다고 해서 내가 양육을 잘 못하는 것은 아니지만, 확실히 내게 양육은 다른 것에 비해 어렵다. 울고 싶을 때 기댈 수 있는 아빠는 아니라 해도, 아이들은 앞으로의 계획에 대해 의견을 나누기 위해 나를 찾는다.

이 책에서 내가 성격 유형 검사를 언급한 이유는 당신이 자신을 알고, 진정으로 되고 싶어 하는 나 자신에게 맞는 라이프 스타일을 설계하기를 바라는 마음에서다. 당신은 그간의 환경, 즉 자신을 구성해 온 프로그램과 영향을 버리고, 그것들이 정말로 당신에게 맞는지를 자문해야 한다. 동시에 전에는 전혀 생각해보지 못한 새로운 삶의 방식을 자유롭게 생각할 수 있어야 한다.

나의 부모님은 내가 새로운 것을 시도하며 위험을 감수하고 실패도 해보라고 격려하셨다. 말하자면 나는 메이커 성향을 장려하는 가정에서 자랐다. 부모님은 두 분 다 뼛속 깊이 사업가셨고, "무에서 유를 창조하자"가 가훈이었다. 내게는 큰 행운이었다. 하지만 내가 안전과 정확성을 가장 중요하게 여기는 가정에서 태어났다고 상상해보자. 아버지를 따라 자동차에 빠졌던 것처럼 또한 맹목적으로 부모의 가르침을 따라서, 그 틀에 나를 끼워 맞추려고 했을 것이다. 아니면 그에 반발해 거칠게 반항하고 거부하는 성향이 되었을 수도 있다.

4단 기어: 나에게 동기를 부여하는 것

브레네 브라운은 취약성 연구의 대표 주자이자, 감정의 근원과 이를 다룰 방법을 연구해 온 심리학 교수이다. 그녀는 저서 『마음의 지도Atlas of the Heart』에서 인간의 감정에 대한 광범위한 연구 결과를 설명한다. 나는 그간 감정을 행복, 좌절, 화 등의 좁은 범주로 생각해 왔다. 예전에 심리 치료사가 내가 나의 감정과 다소 멀어져 있다는 것을 파악하고, 감정을 조금 더 세분화할 수 있도록 15개 정도의 감정 목록을 준 적이 있다. 브레네는 87개나 되는 감정을 나열한다.

배우고 성장하며 진화하기를 열망하는 우리 인간은 우리가 논리에 근거해 결정을 내리고 행동을 한다고 믿는다. 하지만 수많은 심리학 연구와 내 자신의 삶을 돌아보면 이는 잘못된 생각이다. 사실 우리가 하는 것의 대부분은 감정에 뿌리를 두고 있다. 아무리 '감정이 없는 남자'라도 좋아하는 스포츠 경기를 본 뒤에도 계속 감정이 없을 수 있을까? 가족이 협박당하는 모습을 보고도 감정 조절이 잘될까? 감정 표현을 자제한다고 해서 감정이 없는 것은 아니다.

당신을 움직이는 것은 논리가 아니라 **감정**이다. 삶의 의욕을 얻고 싶다면 동기 뒤에 숨겨진 감정을 이해하고 이용하되, 거꾸로 감정이 자신을 이용하지 않도록 해야 한다. 살면서 성공하기 어려운 부분이 있다면, 당신을 방해하는 부정적인 감정이 그곳에 분명히 있을 것이다. 논리와 감정은 서로 다르게 말한다. 나는 사업을 하며 오랫동안 이를 경험했다. 내 머릿속 논리는 성공적으로 사업을 하고 돈을 벌고 싶다고 말했지만, 가슴 속 감정은 돈을 벌고 내가 알고 지내던 부유한 사업가들처럼 보이는 것을 두려워했다. 내가 중요하게 여기는 도덕성에 부합하지 않는 것처럼 보였기 때문이다. 나는 지나치게 오랫동안 그 감정에 사로잡혀 있었고, 비록 사업은 성공적이었지만 진정한 부를 창출하는 데 방해가 되었다.

숨겨진 동기hidden motive는 삶의 원동력과 성공에 대한 우리의 열망을 방해하는 주요 요인이며, 이것이 사람들이 삶의 한 영역에서는 큰 성공을 하고 성취감을 얻지만 다른 영역에서 실패하는 이유이다. 어떤 일에 쏟는 노력은 효과가 있지만, 다른 일에서는 그다지 효과적이지 않은 경우가 있다. 나는 이를 **숨겨진 삶의 원동력**hidden drive 때문이라고 본다. 앞서 비유한 대로, 종종 숨겨진 감정이 운전석에 뛰어들어 운전자를 대신한다. 아무리 많은 자기계발 조언, 영감도 감정이라는 방해꾼을 이겨내기는 어렵다. 그러나 이 숨겨진 삶의 원동력을 뿌리 뽑기만 하면 된다. 이 책은 당신이 가짜 동력을 뿌리 뽑게 도울 것이다.

고통과 두려움이라는 감정이 삶의 원동력에 항상 나쁜 것만은 아니다. 나는 산악자전거를 타고 고도가 높은 곳에서 길을 따라 내려오는 것을 정말 좋아한다. 아드레날린이 솟구치기 때문이다. 만에 하나 충돌이 일어나 크게 다칠 수 있다는 두려움은 내가 사고를 피하도록 나를 억제한다. 이것은 매우 도움이 되는 두려움이다. 마찬가지로 내가 돈, 시간, 지식이 전혀 없었을 때 높은 산에 집을 짓게 된 것은 욕망보다는 두려움 때문이었다. 아이들이 커서도 꿈에 그리던 집을 가질 수 없을까 봐 두려웠다. 이것은 앞의 것과 같은 두려움이라 해도 내가 동의하고 내게 도움이 되는 동기이다. 목표를 달성하지 못할 수 있다는 두려움이 목표를 달성하고 싶은 열망보다 더 강했다. 이런 나와 달리 당신은 자신의 감정을 인식하고 그 감정을 인정하고 적절하게 활용할 수 있는 통제력을 갖추기를 바란다. 숨겨진 감정을 밝혀내고 감정을 활용하는 것은 매우 중요하다. 감정은 당신이 생각해낼 어떤 논리나 이유보다 강하다.

5단 기어: 당신이 믿는 것

1927년, 열다섯 살이던 빅터 세레브리아코프Victor Serebriakof에게 선생님은 그가 학교를 절대 마치지 못할 테니 자퇴하고 돈을 벌 수 있는 일을 배우라고 말했다. 빅터는 충고를 받아들여 그 후 17년 동안 다양한 일을 전전했다. 그리고 서른두 살이 되던 해, 그는 군 입대를 위해 받은 지능 검사에서 '천재'라고 불릴 만한 점수인 IQ 161을 받았다. 이후로 그의 인생은 180도 바뀌어 책을 저술하고, 많은 특허를 냈으며, 성공한 사업가가 되었다. '멍청이'였던 그가 IQ 140 이상이어야 회원 자격을 얻을 수 있는 국제 멘사 협회의 회장으로 선출된 것은 의외의 결말이었다.[5]

우리는 삶의 '증거'라고 여기는 것을 바탕으로 자신을 바라본다. 빅터 역시 그랬다. 빅터는 학교 성적이 좋지 않았고, 권위 있는 인물의 말을 받아들여 그에 따라 행동했다. 그는 이후 새로운 증거를 받아들였고, 그에 따라 행동해 이번에는 큰 성공을 거두었다.

평범한 인간인 우리가 바로 이와 같이 판단하고 행동한다. 우리는 대개 이른바 '사실'로 알려진 것들을 기준 삼아 자신을 판단하며, 누군가가 또는 어떤 것이 우리에 대해 새로운 사실을 알려줄 때까지 관성에 따라 산다. 여기에는 두 가지 문제가 있다. 첫째, 수동적이다. 다른 사람이나 세상이 내가 누구이며 무엇을 할 수 있는지 알려주기만을 기다리는 태도다. 둘째, 그간의 경험과 받아 온 영향으로 기준을 제한해 자기 자신의 성장을 평가한다. 빅터의 경우처럼 이런 기준은 우리가 선택하거나 통제할 수 있는 것이 아니다.

우리는 지금까지의 경험으로만 자신을 바라본다. 따라서 연 소득 6000만 원을 2억 원으로 늘리고 싶다는 욕망을 느끼며 동기 부여를 받고 원동력을 얻으려 할 때, 이 욕망은 상당히 공허해진다. 월 550만 원에서 1600만 원으로 수입을 늘릴 수 있는 사람으로 자신을 바라볼 근거가 없기 때문이다. 자신을 외식을 할 때 모든 사람의 식사 비용을 지불하고, 집이나 가구를 새로 바꾸며, 멋진 자동차를 몰고, 원하는 휴가를 떠날 수 있을 정도로 많은 돈을 벌 사람으로 바라볼 근거가 없다.

정말로 삶의 의욕을 지니고 목표를 달성하려면 자기 스스로가 '나'와 '내가 할 수 있는 일'을 어떻게 바라보는지 점검하고 강화해야 한다. 목표를 달성하기 위해 필요한 것을 하는 자신의 모습과, 목표를 달성한 자신의 모습을 상상할 수 있는지 확인해보라. 목표를 생각하면 부정적인 감정과 자신의 무능력한 모습이 떠오를 때가 종종 있을 것이다. 옆에서 "더 원해야 해!"라고 외쳐주는 코치는 필요없다. 자신의 욕망과 신념이 정말 진실한 것인지만 보면 된다. 수입을 세 배로 늘리려고 열심히 노력하고 큰 부와 재정적 능력을 갖춘 자신을 상상할 수 있는가? 체중을 감량하려 노력하고 건강하고 날씬한 사람이 된 나를 그려볼 수 있는가? 사장이 되어 매일 모든 결정을 직접 내리는 나를 **상상할 수 있는가?**

우리는 종종 자신이 진심으로 믿지 못하고 현실적으로 상상할 수 없는 이상에 좌절한다. 이럴 때 오히려 자신이 목표를 달성할 수 없는 이유를 적어보는 것도 도움이 된다. 생각을 바꾸는 구체적인 방법들은 앞으로 살펴볼 것이다.

노력하고 목표를 달성한 자신의 모습이 어떨지 상상할 수 없다면 어떻게 삶의 원동력을 얻을 수 있겠는가? 무슨 일이 있어도 반드시 해내겠다는 다짐이 필요하다. 이는 수많은 영웅 서사의 기본이다. 영웅 서사에는 자신을 필요로 하는 일, 또는 비극적인 결과에 직면해 이를 극복해야만 하는 인물이 등장한다. 나는 사랑하는 가족을 부양하겠다는 마음으로 단기간에 수입을 세 배로 늘린 사람을 봤다.

습관을 바꾸지 않으면 죽을 수 있다는 진단을 받고 180도 다른 생활 습관을 실천하는 사람도 봤다. 세상의 문제를 해결해야 한다는 신념으로 일을 추진해 성공적인 결실을 맺은 사람들을 많이 봤다.

목표를 이뤄 나가 그것을 달성하는 자신을 상상해보고, 목표가 반드시 이루어져야 하는 이유를 찾을 수 있어야 한다. 이 말을 아직도 이해하지 못했다면, 객관적인 현실과 '진짜' 신념보다 두려움 같은 감정이 당신의 신념의 큰 부분을 차지하고 있기 때문이다.

후진 기어:
삶의 의욕을 가로막는 가장 거대한 적, 사회적 압력

1962년 '몰래 카메라'의 원조 격인 미국의 TV 프로그램 「캔디드 카메라Candid Camera」의 '뒤쪽을 향해 서라Face the Rear' 편은 폴란드 심리학자 솔로몬 아시가 밝힌 '사회적 동조social conformity'의 힘, 즉 다수에 따르는 맹목적인 동조의 힘을 보여준 방송이었다. 제작진은 엘리베이터에 타는 시민을 기다렸다가 한 무리의 사람들을 그와 함께 타게 해서 문을 등진 채 엘리베이터 뒤쪽을 마주 보고 서게 했다. 시민들은 집단에 순응해야 한다는 압박에 불편하고 혼란스러운 반응을 보였다. 몸의 일부만 뒤로 돌아선 사람, 완전히 뒤로 돌아선 사람, 마주하는 방향을 여러 번 바꾸다가 마침내 뒤 방향으로 선 사람 등 제각각이었다.

이 방송 편에 더 적합한 제목은 '두려움에 맞서라Face the Fear'일 것이다. 인간의 핵심 욕구는 소속감과 인정의 욕구이다. 이는 우리 안에 있는 가장 강력한 욕구이지만, 우리는 종종 이를 대수롭지 않게 여긴다. 나는 기능 의학 전문가인 랜디 제임스 박사와 함께 일하면서 인간의 소속 욕구가 얼마나 강한지를 깨달았다. 그는 시간이 갈수록 병세가 짙어져 고통 받는 환자에게 건강한 식사와 운동, 질 좋은 수면, 스트레스를 덜 받기 위한 노력 등 삶의 변화를 일관되게 처방했다. 그리고 맡겨 두면 대부분의 사람들이 스스로 생활 습관을 과감하게 바꾸었다. 그들은 기존의 식단을 바꾸고, 운동을 위해 하루 일정을 재구성했다. 늦은 밤에 과자를 먹으며 TV를 보는 대신 명상을 하고 차를 마시며 책을 읽으려는 의지를 냈다. 그런데 왜 모든 사람이 이런 건강한 생활 습관을 가지지 못할까? 바로 사회적 압력 때문이다.

환자들은 의지에 차서 진료실을 떠났지만, 집에 돌아가자마자 어려움에 직면했다. 그들은 고기가 적고 거의 야채로 구성된 식단, 때로는 아예 탄수화물이 없는 식단을 불만스러워하는 배우자, 아이들과 씨름해야 했다. 헬스장에 가기 위해 식구들보다 일찍 일어나거나 회사에서 점심을 먹는 대신 러닝을 하면 놀림을 받지는 않더라도 사람들의 시선이 따라붙는다. 식구들이 의례처럼 TV를 즐기는 동안 혼자서 평소보다 한 시간 일찍 잠자리에 들면 마치 무단이탈을 하는 것처럼 취급받기도 한다. 이러한 압박은 우리가 어렵게 갖춘 좋은 의도와 의지에 방해가 된다.

이런 사례는 우리가 의지를 발휘할 때 어디서 갈등이 벌어지는지를 보여준다. 변화하려는 사람의 자제력, 의지력도 중요하지만, 내가 늘 그대로이기를 바라는 주변 사람들 사이에서 전과 다르게 행동하기 어렵다. 나를 사랑하는 사람들이 나에게 악감정이 있는 것은 아니지만, 같은 집단으로서 소속감을 느끼기를 원하기 때문에 자신과 똑같이 변함이 없기를 바라는 것이다. 집단 내 구성원의 변화는 누군가에게 위협처럼 느껴질 수 있다.

따라서 자신이 진정으로 원하고 의욕이 넘치는 일을 잘해내려면 이러한 저항에 맞설 결심을 해야 하며, 그렇지 않으면 저항에 굴복하게 된다. 한 가지 가볍게 처방하자면, 흐름을 거스르려 하지 말라고 말하고 싶다. 다른 흐름을 찾아보는 편이 좋다.

긍정적인 방향으로 성장하는 과정에서 기존의 관계나 모임을 재고해야 할 수도 있다. 그렇다고 해서 가족과 친구를 버리고 떠나라는 말은 아니다. 우리를 움직이는 가장 큰 힘은 우리가 가려는 방향을 이해하고 지지하는 사람들에게서 나온다. 그러니 그런 사람들을 찾아라. 당연한 말처럼 들리겠지만 이런 당연한 것을 실천하는 경우는 생각보다 흔치 않다. 그러니 현재 몸담고 있는 흐름에 맞서 싸우지 말고 당신이 새롭게 가려는 방향으로 나아가는 또 다른 흐름 속으로 뛰어들면 된다. 초인이 될 필요는 없다. 그저 올바른 흐름을 찾기만 하면 된다.

원하는 목표로 나아갈 원동력의 재료들은 이미 당신 안에 있다. 당신은 어느 누구 못지않은 삶의 원동력을 가지고 있고, 이는 당신이 삶의 어떤 영역에서는 잘하고 있지만 어떤 영역에서는 그렇지 않은 이유를 밝히는 데 도움이 될 것이다. 당신에게 부족한 부분은 앞에서 다룬 '기어'에서 찾을 수 있다. 하지만 개념을 나열하는 것은 강의실에서 기어 변속 방법을 설명하는 것과 같다. 시험은 만점을 받을 수는 있겠지만 실제로 운전석에 앉아 한 발로 클러치를 밟고 다른 발로 액셀을 밟으며 기어를 넣을 때까지는 기어 변속을 어떻게 하는지 알 수 없다. 이 책의 2부에서는 삶의 욕구와 성취의 주요 범주를 살펴보고 각 범주를 직접 변속할 때 기어가 어떻게 작동하는지 배우게 될 것이다.

지금까지 삶을 내 뜻대로 이끄는 '운전 입문 수업'을 함께하며 삶의 의욕이 넘치는 사람에 대한 몇 가지 잘못된 믿음에 대해 알아보고, 우리 자신만의 삶의 의욕을 바로 만들 수 있는 방법을 제시했다.

2부에서 우리는 교실이라는 경계를 벗어나 실제 운전 코스로 떠날 것이다. 이제 운전석에 앉아 안전벨트를 매고 인생의 기어를 변속해보자. 3장에서 9장까지, 많은 사람들이 성취감을 찾으려 노력하지만 종종 잘못된 길로 접어드는 삶의 일곱 가지 영역을 정리했다. 당신은 대부분의 사람들이 따로 시간을 내서 달려보지 않는, 인생을 바꿀 만한 지형을 운전하게 될 것이다. 당신은 대부분의 사람들과 다르다.

이 일곱 가지 영역은 중요한 순서대로 나열되어 있지는 않다. 그러나 충동을 참지 못하고 건너뛴다면 뒤에 이어지는 장들에서 당신의 진정한 욕망을 찾는 데 필요한 핵심 통찰을 놓치게 될 것이다. 예를 들어 '목적'에 대해 먼저 고민하지 않고 '일'을 다루는 장으로 건너뛴다면 삶의 이 영역들을 깊이 파고들 준비를 제대로 갖추지 못할 것이다. 그러니 각 범주에 온전히 주의를 기울이고, '행동하기'에 제시된 몇 가지 질문을 살펴보길 권한다. 당신에 관한, 당신을 위한 질문들이다. 이제 시작해보자!

요약

○ 모든 사람은 삶의 의욕을 위한 재료들을 가지고 있다. 모두가 저마다 지문이 다르듯이, 사람마다 삶의 의욕을 실현할 고유한 방법과 재료들을 가진다.

○ 당신은 이론적으로는 '무엇이든 할 수 있지만' 모든 것을 잘할 수는 없다. 당신의 삶의 원동력을 구성하는 재료들은 고유하고 유한하며, 이는 좋은 것이다. 당신이 무엇이든 할 수 있고 당신에게는 한계가 없다는 말은 잘못된 것이고 오히려 의욕을 꺾는다. 당신은 당신만의 **고유한** 성향들을 가지고 있고 그것들을 잘 다룰

수 있는 능력이 있다.

○ 당신의 진정한 삶의 원동력을 가로막는 첫 번째 적이자 장애물
   은 문화적, 사회적 압력이다. 타인의 기대와 그에 부응해야 한다
   고 느끼는 압박감이다. 이를 인지하고 이러한 압박에서 자유로워
   져야 한다.

○ 삶의 원동력은 우연히 생기는 게 아니라 우리가 의도적으로 만
   들 수 있는 것이다.

2부

●

7단계의 원동력 수업

성공에는 비밀이 없다. 성공한 사람치고 성공에 대해 말하지 않는 사람을 본 적 있는가?
–
킨 허버드(1868~1930), 미국 작가, 저널리스트

3장
삶의 목적
굳게 믿어라, 더 큰 추진력을 얻을 것이다

○
당신이 무엇을 믿느냐가 아니라 얼마나 크고 강력하게 믿느냐가 당신의
원동력을 결정한다.

2015년 7월, 고고학자들은 튀르키예 남동부의 메소포타미아 고대
도시인 괴베클리 테페에서 가장 오래된 것으로 추정되는 문자를 발
견했다. 괴베클리 테페에는 세계 최초로 추정되는 사원이 있으며,
이곳에는 죽은 사람의 시신을 산꼭대기에 올려놓아 맹수들이 먹게
하는 불교의 장례 관습인 풍장을 묘사한 1만 2000년 전의 그림이
있다. 마찬가지로 대부분의 인류 초기의 상형문자는 믿음, 영성 등
을 주로 묘사한다.

인간은 우리보다 더 큰 힘을 지닌 존재, 그리고 우리가 지구에
서 경험하는 것 이상의 무언가에 속한다는 이야기를 좋아한다. 지금
까지 팟캐스트에서 만난 영향력 있는 게스트 200명 중 99퍼센트가
자신보다 더 큰 무언가를 믿는다고 고백하면서, 이 더 큰 목적이 자

신이 성취하는 모든 것의 주된 원동력이라고 말했다. 세계에서 가장 영향력 있는 100명 중 99명이 더 큰 힘에 대한 믿음을 언급한다면, 비즈니스와 성공에 대한 그들의 가르침만큼이나 그 믿음에도 크게 집중해야 할 것이다. 이것이 그들이 사업을 하고 성공하려는 근본적인 이유이기 때문이다.

이 장은 종교나 영성에 관해 이야기하지 않는다. 한 사람이 자기보다 더 큰 존재의 이유를 찾는, 믿을 수 없을 정도로 강력한 동기에 주목하려 한다. 랍비 다니엘 라핀은 자신의 팟캐스트에서 "우울증의 반대는 행복이 아니라 '목적'입니다"[1]라고 말했다. 신학자 프레드릭 비크너는 "목적은 당신의 깊은 기쁨과 세상의 깊은 갈망hunger이 만나는 곳입니다"라고 말했다. 삶의 원동력은 목적을 품는 것에서 타오르기 시작하고, 사람은 다른 사람에게 봉사하는 것에서 가장 큰 목적을 찾는다는 말이다. 이는 이타적인 것이 아니라 본질적으로는 이기적인 것이다. 우리는 본래 이기적인 존재다. 하지만 자신만을 위하는 것은 죽음의 길인 반면, 타인에 대한 봉사에서 우리는 가장 큰 삶의 목적을 찾을 수 있다. 환경, 동물, 민주주의, 영혼 등 우리가 믿고 그것을 위해 싸우는 목적이 무엇이든, 진정으로 중요한 점은 무엇을 구하느냐가 아니다. 자신을 구하는 것 외에는 무엇이든 강력한 동기로 작용해 삶의 원동력을 불어넣을 수 있다.

영성에 대한 가장 많은 비판은 영성이 희망을 주기 위해 미지의 것을 설명하는 인위적인 개념, 즉 플라시보에 불과하다는 것이다. 플라시보가 1차 치료만큼 효과적일 수 있음을 증명하는 수많은 의학 실험이 있으며, 나도 이에 동의한다. 나아질 거라는 믿음은 어떤 것보다 가장 강력한 약이다. 당신이 **무엇**을 믿느냐가 아니라 **얼마나 크고 강력하게** 믿느냐가 당신의 원동력을 결정한다.

1장에서 언급한 린 트위스트를 팟캐스트에 초대했을 때, 우리는 그녀가 자기 개인의 문제보다 더 큰 '기아 프로젝트'에 헌신하며 세상을 어떻게 완전히 새로운 방식으로 느끼고 이해하게 됐는지를 이야기했다. "저는 저 자신을 다르게 보기 시작하면서 저 자신과 문화를 바라보던 기존의 좁은 시각에서 벗어났어요." 그녀는 자신의 목적을 인식하고 여기에 헌신하면서 전 세계에 큰 영향을 끼치는 인물이 될 수 있었다. 영웅 서사의 전개를 다시 살펴보자. 주인공은 평범하게 살아가다가 문제, 즉 앞에서 도널드 밀러가 말한 '삶의 변화를 유발하는 사건'을 만난다. 이 사건으로 인해 혼란한 상황에서도 주인공은 대의를 향한 믿음과 헌신을 지킨다. 영웅 옆에는 보통 자신의 목숨을 지키는 것 외에는 어떤 것도 신경 쓰지 않는 캐릭터가 등장한다. 이러한 인물들은 이야기 속에서 영웅의 지위를 높이고 오히려 영웅의 용기를 끌어올리는 역할을 한다. 실제 우리 삶도 다르지 않다. 우리는 더 높은 소명을 품은 영웅을 존경하는 반면, 이기적으로 자신의 목적만 챙기는 사람들을 경멸한다. 타인과 더 높은 목적에 봉사하고 자기 자신을 넘어선 무언가를 위해 헌신하는 것은 영웅이 되기 위한 전제 조건이다. 영웅의 자격을 구성하는 것에 다른 조건은 없다.

영웅이 무엇을 믿는지, 어떤 삶의 목적을 선택하는지를 말하려는 게 아니다. 영웅의 힘은 자신보다 더 위대한 무언가를 믿는 데서 나온다. 많은 사람들이 다른 이들에게 사랑을 전하고 싶다는 이유로 종교라는 이름을 피해 자신의 믿음이나 영성이 그저 **사랑**이라고 주장한다. 사랑에서 가장 확실한 영향력을 발견한 사람들은 자신에게 진실한 방식으로 사랑을 전함으로써(비크너가 '깊은 기쁨'이라고 부르는 것), 그리고 그것을 인류와 문화에 전함으로써(비크너가 '세상의 깊은 갈망'이라고 부르는 것) 그것을 사랑이라 이야기한다. 이제 당신의 진정한 깊은 기쁨을 찾는 방법을 살펴보자.

❗행동하기

삶의 핵심 원동력은 당신이 지닌 삶의 목적과 같고, 이는 궁극적인 성취를 이끌 수 있다. 당신이 믿는 것은 당신보다 더 크다. 당신 자신을 넘어서는 무언가에 대한 믿음이 있는가? 그렇다면 한두 문장으로 표현해보라. 없다면 이제 이 책을 읽으면서 인생의 공허함을 인식하고 탐구의 문을 열고 그 믿음을 차차 찾아 나갈 수 있다. 어느 쪽이든 당신은 이제 완전히 부재하던 삶의 한 측면을 넘어서 앞으로 나아가게 된다.

뛰어오르기 위해 나의 출발점을 알기

신경가소성neuroplasticity은 최근에 심리학의 최전선에서 다뤄지는 개념이다. 과거에는 뇌가 한번 성장하고 나면 변하지 않는다고 생각했지만, 연구를 통해 이제는 뇌가 컴퓨터처럼 무한히 프로그래밍될 수 있다는 사실이 밝혀졌다. 뇌는 학습하고 성장하며 새로운 경로를 만들 수 있다. 이는 또한 우리 뇌의 유전적 경향을 암시한다. 조상이 특정 음식을 먹고 살았다면 그 음식을 먹었을 때 우리 몸이 건강할 가능성이 더 높다. 조상이 특정 기후에서 살았다면 그와 비슷한 환경에 있을 때 기분이 더 좋아질 수 있다. 마찬가지로 조상이 만든 신경 경로는 뇌의 '출발점', 즉 타고난 성향, 편안함을 느끼는 정도, 삶의 의욕에 영향을 끼친다. 이를 성향이라고 생각하면 된다.

간단한 비유로 미국 지도를 생각해보자. 메인주에서 결혼식이 열릴 예정이라 하자. 바로 옆 버몬트주에 사는 가족 구성원이 이 결혼식에 참석하는 것은 큰 문제가 되지 않는다. 다른 가족은 좀 더 떨어진 오하이오주와 노스캐롤라이나주에 살고 있다. 애리조나주와 워싱턴주에 살고 있는 친구들과, 플로리다주에 살고 있는 친구들에게 이는 훨씬 더 먼 여행이다. 그래도 하와이나 프랑스에서 와야 하는 사람들보다 힘들지는 않다. 물론 이 모든 사람들은 결혼식에 갈 수 있지만, 각기 '출발점'이 달라서 어떤 사람들에게는 멋진 당일 여행인 반면, 어떤 사람들에게는 적지 않은 여행 경비와 노력, 시간을 들여야 하는 여행이 된다.

만약 당신의 윗세대가 매일 아침 성취감을 느끼며 깨어나고 큰 목적에 헌신하며 살았던 사람이라면 당신은 누군가 또는 무언가가 자신을 지지해주고 있으며, 자신의 행복이 오직 나 자신에게만 달려 있지 않다는 안정감을 느낄 수 있다. 윗세대가 믿었던 것이 자신의 개인적인 신념과 상반되더라도 이러한 안정감은 정신적으로 긍정적이다. 그들은 더 큰 영감을 품고 더 깊이 있고 평화로운 삶을 살았을 가능성이 높다. 2015년에 런던정치경제대학교와 네덜란드 에라스무스대학교 병원 연구진은 종교에 참여하는 것이 평균 수준보다 높은 행복감을 준다는 증거를 발견했다. 연구에 참여한 유행병 학자 마우리시오 아벤다노는 종교 자체가 아니라 소속감과 사회적 참여가 행복을 가져다줄 수 있다고 말한다.[2] 연구는 영성의 핵심과 자신보다 더 큰 무언가의 일부가 되는데서 얻는 이점을 우리에게 알려준다.

윗세대가 고난과 가난을 겪으며 생존을 위해 하루하루를 버틴 이들이라면 어떨까? 버티는 데 모든 에너지를 쏟으면 다른 사람과 삶의 더 큰 그림을 생각할 겨를이 없다. 이런 삶에서는 '모든 것은 오로지 나에게 달려 있다, 나는 누구에게도 의지할 수 없다'는 생각을 할 수밖에 없다. 이런 환경에서 나 자신을 넘어선 목적에 봉사하는 것을 상상할 수 있을까? 이런 환경에 처한 사람들은 어떤 신경 경로를 형성할까?

자신의 유전적 특성이 믿음과 목적에 대한 관점을 어떻게 이끌어 왔는지 생각하면서 자신의 출발점이 어디인지를 보라. 믿음과 목적이라는 빛 쪽으로 기울어져 있는가? 아니면 '모든 사람은 각자도생'이라는 우울한 그림에 기울어져 있는가? 자신의 타고난 성향을 더 잘 알게 되면, 타고난 신경 경로를 재작업(또는 거부)할 수 있다.

출발점을 바꾸기 위해서는 디딘 자리부터 살펴야 한다

앞에서도 말했듯이 아버지는 아미시파의 엄격한 종교적 전통에서
자라 왔다. 이른바 정치적으로 보수와 진보 사이에 팽팽한 긴장이
있는 미국 문화에서, 나는 아미시보다 더 보수적인 곳은 없다고 말
하곤 한다. 아버지는 그런 엄격한 종교적 울타리를 떠나셨지만, 나
는 기독교 신앙이 두터운 미국 남부, 중서부 지대를 일컫는 '바이블
벨트Bible Belt'에 속하는 켄터키주에서 자라면서 어린 시절을 남부침
례교라는 기독교 울타리 안에서 보냈다. 나는 사이클링만큼이나 종
교에도 능숙하다. 나는 1000회가 넘는 자전거 대회에 참가했지만,
그보다 두 배는 더 많은 교회 예배에 참석했다! 오늘날 나는 조직화
된 종교에 대해 크게 우려하고 있지만, 여전히 믿음의 힘을 인정한
다. 신앙 문화를 경험한 사람들은 더 많은 마음의 평화와 성취감을
보여준다. 나 역시 봉사하는 삶을 살겠다는 부모님의 흔들림 없는
헌신을 보면서 사람들에게 가치 있는 존재가 되겠다는 평생의 열망

을 품었고, 나 자신을 넘어 시야를 넓히게 되었다. 지금 내가 하는 말은 무언가를 믿어야 한다며 종교를 홍보하는 게 아니라 증거에 기반해 내 경험을 공유하는 것이다.

부모님, 양육자가 어떻게 자신들의 믿음을 미묘하게, 혹은 분명하게 당신에게 전달했는지 생각해보라. 그분들이 당신의 마음과 정신에 방향과 진로를 만들어주었을까? 다시 한번 말하지만 여기서 중요한 것은 종교가 아니다. 당신의 부모님은 진정성이 없는 종교에 열성적으로 헌신했을 수도 있고, 반대로 교회에 한 번도 발을 들여놓지 않았지만 타인과 세상을 위해 기꺼이 헌신하며 살았을 수도 있다. 여기서 우리가 이해하고자 하는 것은 당신을 둘러싸고 있던 정신, 그리고 그 정신이 당신이라는 작은 세상을 넘어 더 큰 목적을 찾는 것과 관련해 당신에게 어떤 영향을 끼쳤는지다.

당신이 본 부모님의 세계관에 대해 가닥을 잡아보자. 그들에게 세상은 아름다운 곳이었는가, 아니면 실망스러운 곳이었는가? 부모님의 일은 대체로 잘 풀렸는가, 아니면 항상 세상에 이용당하는 것처럼 느껴졌는가? 부모님은 다른 이들에게 용기를 주는 사람들이었나, 아니면 비판적인 사람이었나? 겸손했는가, 아니면 교만했는가? 다정한 사람이었나, 아니면 비난하는 사람이었나? 그들은 자신을 운이 좋다고 느꼈는가, 아니면 피해 의식이 있었는가? 부모님이 처한 상황이나 관계가 아니라 그 뒤에 있는 신념을 살펴보자. 앞서 말했듯이 이에 대한 답은 당신의 믿음과 그에 따른 삶의 의욕을 절대적으로 결정하지는 않지만, 기본 출발점에는 영향을 끼친다.

당신이 자라 온 환경은 당신의 믿음을 어떻게 이끌었는가? 성장 배경과, 부모님을 비롯해 당신에게 영향을 끼친 사람들을 고려할 때, 믿음의 기본 출발점이 당신이 품은 원동력에 도움이 되었나, 아니면 방해가 되었나? 어떻게 도움이 되고 방해가 되었나? 당신의 믿음에 영향을 끼친 성향, 환경적 영향에서 한 발짝 물러서서 마음을 열기를 바란다.

피해야 할 장애물

인디 록 밴드 '디 언라이클리 캔디데이츠The Unlikely Candidates'의 「선택한 길을 따라가Follow My Feet」라는 노래가 있는데, 이 노래에는 대조되는 가사가 두 구절이 있다. "거짓말하고 도둑질하고 속이는" 한 친구는 원하는 것을 얻기 위해서라면 그렇게 해야 한다며 "내가 가지지 않으면 다른 누군가가 가질 것"이라고 말하는 반면, "인류를 사랑"하고 가난하고 아픈 사람들을 돕고 싶어 하는 다른 한 친구는 "내가 하지 않으면 아무도 하지 않을 것"이라고 자기 감정을 말한다. 종종 사업을 하는 사람들 사이에서 사업 목적에 대해 이처럼 다른 관점을 보게 된다. 어떤 사람은 사업을 사람들로부터 돈을 받아내는 게임으로 여기는가 하면, 자신이 정말 제공하고 싶은 서비스를 제공하는 것으로 여기는 사람도 있다. 당신은 소매치기와 다를 바 없이 사람들로부터 돈을 받아내는 것을 목표로 삼을 수도 있다. 그러나 은행 잔고는 두둑해지겠지만 당신의 영혼은 더 큰 대가를 치르게 된다.

더 큰 목적을 향한 삶의 원동력을 종종 궤도 밖으로 탈선시키는 세 가지 주요 우회로가 있다. 피해 의식, 결핍 의식scarcity mentality, 목적에 대한 판단이 그것이다. 우리에게 일어나는 모든 일은 우리가 선택하거나 통제할 수 없다. 하지만 피해를 당했던 것과 피해자의 마음으로 살아가는 것에는 큰 차이가 있다. 자신에게 닥친 비극에 좌절하고 굴복하는 사람들이 있고, 같은 일을 당했음에도 이겨내는 사람들이 있다. 누군가의 고통을 가볍게 여기는 것이 아니라, 고통에 대응해 어떤 행동을 하고 그 결과 어떤 사람이 되었는지를 보자는 것이다. 자신을 검토하는 가장 쉬운 방법은 자신의 부족함을 타인이나 외부의 힘 탓으로 돌리는 경향이 있는지, 아니면 책임감과 주인 의식을 가지고 세상을 바라보는지 살펴보는 것이다. 자기계발 전문가인 톰 빌류는 「모두 당신의 잘못입니다」라는 짧은 동영상에서 운석이 지붕을 뚫고 떨어져 아내가 사망하면 남편은 그것이 자기 잘못이라고 할 것이라며, 이 '남 탓하기' 개념을 과장해서 비꼬았다.[3] 터무니없는 주장이긴 하지만, 무언가를 수용한다는 것이 무언가 또는 어떤 사람에게 힘을 실어주는 것이고 자신은 피해자로 살아야 한다는 생각을 다소 강하게 비꼬아 지적하는 말이다.

나를 포함해 우리는 전염병을 피하듯 비난을 피하려 한다. 점점 더 많은 사람들이 삶의 역경에 대한 책임을 덜 받아들이고, 자신을 제외한 다른 모든 것에 책임을 돌리는, 비난을 피하려 하는 문화

속에서 살아가고 있다. 그렇게 함으로써 우리는 자신이 지닌 유일한 힘, 즉 **주체성**을 포기하고 있다. 톰이 운석의 비유에서 말하는 것은 남편이 문제를 받아들이고 대응하는 방식이 잘못됐다는 것이다. 그는 아내의 죽음을 슬퍼하며 지붕을 설치한 업체나 우주를 고소할 수도 있다. 슬픔에 사로잡혀 자신의 삶을 끝내기로 선택할 수도 있지만 아내와 함께 지구에서 보낸 시간에 감사하는 마음으로 살아갈 수도 있다. 재산을 모아 운석 추적 시스템을 발전시키거나 더 튼튼한 지붕을 개발한다는 목적에 헌신할 수도 있다. 하지만 피해 의식을 품는다면 상황을 극복하거나 인류와 세상을 위해 봉사한다는 더 큰 목적에 원동력을 느끼며 살 수 없다. 즉, 자신에게 해를 끼치려고 기회만 엿보는 세상을 위해 봉사할 수는 없다.

이와 비슷한 사고방식으로 오늘날 흔히 '제로섬zero-sum'이라고 알려진 결핍 의식이 있다. 간단히 설명하자면, 바비가 가지고 있던 막대 사탕을 메리에게 주면 바비는 손해를 보고 메리는 이익을 얻게 된다는 것이다. 하지만 이는 일차원적인 관점이다. 아이가 자발적으로 다른 사람에게 베푸는 것을 본 경험이 있다면, 받는 사람보다 주는 사람이 훨씬 더 기뻐한다는 것을 알 수 있다. 나는 딸들을 입양했는데, 아내와 나는 종종 딸들에게 "소중한 생명을 구해주셔서 감사해요"라는 말을 듣는다. 정작 가장 크게 구원받은 사람들은 딸들이 아닌 바로 아내와 나이기에 부끄러운 마음이 들기도 한다. 사실 나는 천성이 베푸는 사람도 아니고 동정심이 넘치는 사람도 아니다. 하지만 내 딸들을 통해서 내 마음에 연민과 감사의 싹이 자라게 됐고, 타인에 대해 판단하고 비판하는 습관이 많이 사라졌다. 나는 딸들에게 베푼 것의 열 배를 되돌려 받았다. 내가 잘났다거나 고 고해 보이려고 이렇게 말하는 것이 아니다. 오히려 나는 제로섬과 결핍 의식이 모두가 함께 득을 본다는 '윈윈win-win'보다 나에게 훨씬 **덜** 이득이 된다는 것을 알 정도로 이기적인 사람이다. 그러니 당신 자신의 관점을 잘 살펴본다면 삶의 원동력을 불러일으키거나 반대로 고갈시키는 근본적인 문제를 발견할 수 있을 것이다.

다음은 **목적에 대한 판단**이다. 동생 재러드는 10년 동안 아프리카에서 성노예로 팔려간 여성과 아이들을 구출하는 일을 도왔다. 그 시간에 나는 미국에서 '제1세계 문제'라고 할 수 있는 중상류층 사람들이 겪는 심리적 문제에 관해 일했다. 나는 내 일과 동생의 일을 비교했고 이에 대해 한동안 고민하면서 내가 선택한 일을 스스로 설명하려 노력했다. 그러다 결국 환경이 매우 다를 뿐 나 역시 사람들을 돕고 있다는 결론을 내렸다. 또한 내 목적과 열정이 글을 쓰고, 팟캐스트를 진행하며, 삶에서 좋은 일을 하려는 사람들과 이야기를 하는 데 있다는 것을 깨달았다.

자신의 대의나 다른 사람의 목적을 판단하지 않길 바란다. 인류의 가장 큰 힘은 **삶의 목적을 품는 것**이다. 오늘날 사람들이 정신 건강 문제를 겪는 주된 이유는 그들이 실제 삶에 참여하고 관여하는 대신 가상으로 보고 경험하며 목적이 결핍되고 충족되지 않은 기분을 느끼기 때문이다. 힘은 목적을 품는 데서 얻는 것이지, 목적이 무엇인지에 있는 것이 아니다.

❗행동하기

피해자인 상황에서 당신에게 일어난 일을 두고 당신이 비난받아서는 안 된다. 그런 끔찍한 상황에서 당신은 먼저 평화를 찾기 위해 자기 자신에게 연민을 품어야 한다. 나는 당신이 마음의 평화를 얻길 바란다.

내가 여기서 함께 해결하고자 하는 것은 다른 것이다. 피해를 당했지만 다르게 대응했다면 상황이 다르게 전개될 수 있었던 경우다. 예를 들어, 조직에서 받는 압박으로 인해 직장을 그만둔 경우, 상처를 받은 채로 수개월을 흘려보내는 경우가 있다. 반면에 재빨리 방향을 바꾸어 다른 기회를 찾는 사람이 있다. 이 두 가지는 엄청나게 다르며, 어떻게 반응할지는 전적으로 당신의 선택이다. 피해를 입었다는 사실에 머물러 있지 않고 여유롭고 열린 사고방식을 취한다면 자기가 처한 상황을 더 흥미롭고 자기에게 적합하며 보수가 좋은 직업으로 바꾸는 기회로 여기거나, 오랫동안 숙고해 왔던 사업 아이디어를 실행에 옮길 수도 있다.

자신이 피해 의식에 빠져 있다는 것을 깨달았다면 한 걸음 물러서서 현재에 집중하고 '반응 모드'에서 벗어나는 시간을 갖자. 자신이 맞닥뜨린 정신적 장애물에 대해 생각해보고 여유롭고 열린 마음으로 대응하기 위해 노력하며, 자신의 욕망에 대해 판단하지 않는다면 시련이 닥쳤을 때 더 빠르고 효과적으로 방향을 잡을 수 있을 것이다.

내 '목적'의 가치를 판단하지 말고 "나의 머리와 가슴, 영혼에 진정으로 와 닿는 목적은 무엇인가?"라는 질문을 던져보자. 그것은 길거리일 수도 있고, 정계일 수도, 금융계일 수도 있다. 교회이거나 우주선일 수도 있다. 사람, 국가, 동물, 회사 또는 공공기관일 수도 있다.

무엇이 나의 마음을 아프게 하는지를 숙고하는 것도 열정의 대상을 찾는 데 크게 도움이 될 수 있다. 사회적 상황에서 사람들이 무엇에 관심을 보이고 무엇이 그들을 감동시키는지 살펴보는 것은 매우 흥미로운 일이다. 프랭클린 루스벨트 대통령의 부인 엘리너 루스벨트는 "위대한 사람은 아이디어에 대해 토론하고, 평범한 사람은 사건에 대해 토론하며, 작은 사람은 사람에 대해 토론한다"라는 유명한 말을 남겼다. 인류에 봉사하기 위해 아이디어를 논의하는 데 시간을 사용하는 사람의 세계관과, 자신의 관심사가 아니라 단순히 사람들에 대해 험담하고 비판하는 사람에 관한 이야기라면 나도 이 말에 동의한다. 반면에 이러한 생각은 자연스럽게 자신만의 목적을 품도록 이끌기를 방해할 수도 있다. 사람에 대해 토론하는 사람은 다른 이들과 얼굴을 맞대고 봉사하고 싶어 할 수 있다. 사건에 대해 토론하는 사람들이라도 그룹으로 모여 함께 일하는 것이 자신에게 더 맞다고 생각할 수 있는 반면, 아이디어에 대해 토론하고 싶은 사람들은 다른 사람들이 효과적으로 일할 수 있는 방법을 개발하며 뒤에서 지원하는 경향의 사람일 수 있다. 이런 관점으로 생각하면 당신이 원하는 방식으로 봉사할 수 있는 자유가 생긴다. 당신이 원하는 일을 정당화하려 애쓰지 마라. 목적으로 충만하고 타인에게 초점을 맞춘다면 그걸로 됐다.

어떤 목적이 당신의 가슴을 뛰게 하는지 알고 있다면, 어떤 이유로도 그것을 무시하지 말고 진지하게 받아들이길 바란다. 아직 자신의 목적이 무엇인지 잘 모르겠다면 흥미로운 다양한 선택지 중에서 고를 수 있다. 환경, 문화, 정치, 영성, 동물, 자원, 우주 등 이 중당신은 최소한 몇 가지에는 흥미가 있을 것이다. 그러나 그것이 무엇이든 평생 유지할 필요는 없다. 아프리카 르완다에서 봉사했던 동생은 지금은 우주 탐험 분야에 헌신하고 있다. 전과 다른 사람들과 함께 일하지만, 동생은 같은 봉사의 다른 측면이라고 말할 뿐이다. 앞으로 10년 후에 동생이 어디에서 봉사 활동을 할지 그 누구도 모른다. 하지만 동생이 추구하는 핵심적인 목적은 변함이 없을 것이다.

❗행동하기

어떤 것에 관심이 있는가? 어떤 것에 열정을 느끼는가? 어떤 것에 가슴이 아픈가? 내면의 답에 귀를 기울이자. 당신을 필요로 하는 대의가 있고, 그 대의가 당신의 삶의 원동력을 뒷받침하려면 그 목적이 필요하다.

믿음과 목적을 명확히 했다면 이제는 당신의 동기를 진지하게 생각할 때이다. 당신의 동기는 두려움, 고통, 타인의 기대, 욕망, 자존심인가? 동기 뒤에 가려진 감정은 무엇인가? 중요한 것은 동기를 판단하는 것이 아니라 동기를 **인식**하고 **동의**하는지 확인하는 것이다.

1997년인가 나는 친한 친구인 로니 프리먼을 만났다. 대학을 막 졸업한 그는 레스토랑에서 웨이터로 일하며 틈틈이 작곡과 연주를 했다. 그는 음악을 사랑했다. 로니는 우리 집에 건반을 가져와서 몇 곡을 연주하고는 세 곡이 담긴 카세트테이프 하나를 멋쩍게 내밀었다. 그때 나는 그의 재능에 깜짝 놀랐다. 그에게 앞으로의 계획을 묻자 그는 무대에 올라 박수를 받는 것이 자신에게 큰 의미임을 알지만, '빛나고 싶다'는 자부심과 '진정한' 자아에 대해 고민한 끝에 음악을 포기하려 한다고 말했다. 나는 그가 위대한 재능을 부정하고 세상에 이를 알리지 않을 수는 없다고 단호하게 말했다.(그 후 몇 년 동안 나도 같은 문제로 고민했고, 같은 조언이 필요했다.)

로니는 현재 유명 가수들의 노래를 작곡하고 또한 싱어송라이터로서 미 전역에서 공연하고 있다. 그의 가장 큰 장점은 인생의 목적과 그 이면에 있는 동기를 일찌감치 깨달았다는 것이다. 로니는 자신의 동기가 자부심과 자아를 채우기 위한 것임을 알고 있었지만, 사람들의 삶을 기쁘게 하고 고양하려는 동기가 훨씬 더 강했다. 그는 그 두 가지를 모두 이뤄냈다.

앤서니 드멜로Anthony de Mello는 교사이자 작가, 예수회 사제, 심리치료사다. 내가 좋아하는 그의 저서 『인식Awareness』에서 그는 이타심이란 존재하지 않는다고 주장한다. 드멜로는 "무언가를 베풀면 무언가를 받게 됩니다"라고 말한다. "그것은 자선이 아니라 깨달은 이기심입니다." 종교계에서는 종종 이타적으로 베풀고 자아를 버리라는 말을 한다. 하지만 앤서니는 그것이 불가능하다고 말하며, 나 또한 이에 동의한다. 로니처럼 진정한 목적과 소명을 추구하는 것은 자신과 타인을 함께 소중히 여기는 것이다. 심지어 다른 사람을 소중히 여김으로써 자신을 소중히 여기는 것이라고 말할 수도 있다. 우리는 누군가가 자기 과시 욕구를 채우려 노력한다는 것을 알면 그 노력을 깎아내리는 경향이 있다. 그러나 로니의 경우처럼 과시의 충동을 조절하고 지속적으로 관리할 수 있다.

그렇다면 당신의 관심과 열정에 동기를 부여하는 것은 무엇이며, 당신은 그것에 동의하는가? 균형을 잡고 관리할 수 있는가? 그것을 활용할 수 있는가?

"그래서…"라는 말 뒤의 빈칸을 채워보는 것도 좋은 연습이 될 수 있다. 예를 들어 "나는 A를 위해 봉사/지원/지지를(을) 하고 싶다. 그래서…"라는 문장의 빈칸을 완성하는 것이다. 타인을 위해 이루고 싶은 욕망은 무엇인가? 해결하고 싶은 문제는 무엇인가? 어떤 기쁨을 주고 싶고 어떤 고통을 덜어주고 싶은가?

아직 경험이 많이 없어서 더 어려운 봉사를 할 수 없다면 자신의 관심사에 집중하라. 관심 분야를 말하고 그 이유를 설명할 수 있다면 더욱 좋다. 단순히 관심사만 제시해도 그것만으로도 좋은 시작이다. 내 16살 아들은 생물학에 관심이 많지만 아직 뚜렷한 이유를 알지 못하는데 그래도 괜찮다. 나는 지금 아들의 관심 분야를 응원하고 아들이 그 목적을 실현할 수 있도록 다양한 정보를 접하게 도와주고 있다.

다음은 목적을 일깨우는 데 도움이 되는, 동기를 부여하는 감정과 느낌이다.

긍정적인 감정	부정적인 감정
흥미진진함	분노
희망	체념
호기심	고통스러움
헌신	두려움
사명	고된 일
기여	속박
돕기	지루함
중요함	무감각
가치	무관함
감사함	괴롭힘
영감	통제
성취	경시
이타심	구속

목적지에 도착한 나의 모습을 생생하게 상상하라

영화 「매트릭스」에서 네오는 빨간 알약을 먹고 매트릭스 안으로 들어가 자신이 특정 옷을 입고 특정 모습을 하고 있다는 것을 깨닫게 된다. 모피어스는 그것이 자신의 잔존 자아상이라고 말한다. 우리도 각자 자신을 바라보는 방식이 있다. 동기 부여 전문가이자 전 NFL 선수였던 앤서니 트럭스Anthony Trucks는 목표를 달성하기 위해서는 먼저 자신의 자아상을 목표를 달성했을 때의 현실과 일치시키는 '정체성 전환identity shifts'(그의 책 제목이기도 하다)이 필요하다고 말한다. 사람들이 이 단계를 거의 거치지 않기 때문에, 예전보다 더 높은 수준의 무언가를 성취한 자신을 상상하지 않기 때문에 사람들은 성공을 '부산하게' 찾는다.

목표를 달성한 자신의 모습을 그려보는 게 어려울 수 있다. 그럴 때 한편으로 자신의 목적을 세상에 '공언'하는 자신을 상상해보는 것이 도움이 된다. 물론 조용히, 개인적으로 자신의 핵심 목적을 추구하고 거기서 삶의 원동력을 느끼는 사람으로 자신을 상상할 수도 있다. 자신이 품은 삶의 목적에 따라 공개 선언이 필요하거나 이득이 될 수도 있고, 그렇지 않을 수도 있다. 내 방송에 출연한 200명의 게스트는 모두 헌신적인 목적을 품고 있었다. 베스트셀러 작가 지그 지글러Zig Ziglar는 영업과 비즈니스에 대한 전문적인 조언을 제시해 명성과 영향력을 얻었고, 이를 통해 사람들을 삶의 목적, 헌신, 신앙의 삶으로 이끌었다. 수백만 명이 비즈니스 성공을 위해 지그 지글러의 『세일즈 클로징』을 구입했고, 세스 고딘 같은 리더들도 이 책이 알려주는 훌륭한 삶의 지침을 얻기 위해 책을 반복해서 읽었다. 매일 인생에서 더 높은 소명을 느끼고 목적을 품고 살아가는 자신을 상상할 수 있는가? 당신의 정체성에 이러한 목적을 부여하는 사람은 누구인가? 자신이 소중히 여기고 믿는 삶의 목적이 있지만, 그 목적을 진정으로 받아들이길 주저하는 사람들을 종종 발견한다. 자신의 자아상에 어긋난다고 생각하거나 사회적으로 눈총을 받을까 봐 두려워하기 때문일지도 모른다. 모든 사람이 자신의 정체성을 세상에 알려야 한다고 주장하는 것은 아니지만, 나는 자신의 정체성에 만족하는 사람들이 성공할 수 있다고 생각한다. 자신과 타인, 지구를 위한 안전한 먹거리로 구성된 영양 식단을 강력하게 믿는 두 사람이 있는데, 한 사람은 건강한 식습관을 자신의 정체성으로 삼지만 다른 한 사람은 그렇지 않다고 가정해보자. 내 경험에 따르면 앞의 사람이 더 지속적인 성공을 거둘 것이다. 우리는 자신과 관련한 뭔가가 **가시적일 때** 그것을 가장 잘 유지한다.

이 책의 모든 장에서 언급할 **상상**envisioning에 대해 주의할 점이 있는데, 바로 **확신**이다. 최종 목표에 도달한 자신의 모습을 마음속에 그릴 수 없다고 해도, 그 일을 꼭 이루겠다는 신념이 있다면 당신은 어떻게든 해낼 수 있다. 휴일 영화의 고전인 『멋진 인생It's A Wonderful Life』에서 조지 베일리가 다리에서 뛰어내려 생을 마감하려 할 때 천사 클래런스가 나타나 그에게 도움을 요청하는 장면이 있다. 자신과 자신의 상황에 대한 조지의 확신에는 아무런 변화가 없었다. 그저 도움이 필요한 사람을 본 순간, 죽음에 대한 굴복이 삶에 대한 결심으로 바뀌었을 뿐이다. 베일리는 그녀를 도왔다.

나는 할 수 있다고 믿었기 때문에 자전거 경주에서 우승했다. 우승을 위해 해야 할 노력과 연습을 하고 시상대에 서는 내 모습을 상상했다. 하지만 콜로라도 툰드라 지대에 있는 60평짜리 모듈형 주택에서 다섯 아이(한 아이는 옷장에서 잤다)와 함께 복작거리며 살면서 아이들을 위한 멋진 집을 열망했었을 때는 숲속에 우리 가족만을 위해 지어진 저택에 사는 내 모습을 상상하지 못했다. 집을 지어 멋진 곳에서 사는 모습을 상상하지 못했다. 하지만 아이들이 더 좋은 곳에서 자랐으면 하는 열망은 컸다. 지식과 신념의 부족보다 아이들에게 더 나은 새로운 현실을 주지 못한다는 고통이 더 컸다. 그래서 용기 반, 어리석음 반으로 일을 추진했다.

관점을 키우는 가장 좋은 방법은 무언가를 추구할 때 위험 시나리오 대신에 그것을 **하지 않을 때의 위험**에 집중하는 것이다. 1년이 지나도 'χ'가 일어나지 않는다면 나는 괜찮을까? 그때도 내가 지금에 머문다면 1년 후의 자신에 대해 어떻게 느끼게 될까? 이 방정식에 다른 사람의 이익을 포함시킨다면 당신은 훨씬 더 큰 힘을 얻을 수 있다. 나는 내 의지와 신념이 충분하지 않은 일에 종종 도전하지만, 가족의 행복과 이익과 관련된 일이라면 동기와 추진력을 찾기도 한다. 내가 성공을 거두면 나 이외에 누가 혜택을 받을까? 내가 성공하지 못하면 또 누가 고통 받거나 실패하게 될까? 이런 질문은 잘못될 경우의 죄책감을 고민하거나 타인의 기대에 부응하기 위한 것이 아니다. 자신을 이롭게 하는 동기가 부족할 때는 다른 사람을 이롭게 하는 것에서 동기를 찾을 수 있다.

❗행동하기

믿음과 목적을 품은 자신을 상상할 수 있는가? 어떤 상황에서도 행동할 수 있는 확신이 충분히 있는가?

함께할 사람들이 있을 때, 동력은 더 커진다

장수 전문가이자 탐험가인 댄 뷰트너는 2012년 베스트셀러인 『블루존』에서 세계의 장수 마을 아홉 곳을 조사하고 장수의 비밀을 밝혀 우리가 더 건강한 삶을 살 수 있는 실마리를 전했다. 그가 이 조사에서 얻은 요점은 건강하고 행복한 사람들은 본질적으로 건강하고 행복한 문화에 속해 있다는 것이다. 이는 당신의 믿음과 목적을 더 편안하게 받아들일 수 있는 힌트를 준다. 바로 '함께 교감할 사람들을 찾는 것'이다. 특정한 믿음이나 목적을 나와 함께할 커뮤니티는 언제나 있다. 오늘날 우리는 전 세계의 거의 모든 정보를 무료로 즉시 이용할 수 있다. 나는 인맥을 쌓으려고 사교 모임에 가입하는 사람은 아니지만, 책과 동영상을 통해서 해당 분야에 있는 사람들의 이야기를 듣곤 한다. 관심 분야가 무엇이든 당신이 참여할 수 있는 '영역zone'들이 있다.

내 팟캐스트에 출연한 수많은 게스트가 자신이 원하는 믿음과 목적의 영역에서 앞서 나간 영웅과 리더의 이야기를 읽고 강력한 영향을 받았다고 말했다. 전기와 자서전은 읽는 사람에게 특정 인물에 대한 신비감을 높이고 영웅에 공감하게 하는 데 큰 역할을 한다. 우리는 그들이 어떻게 목표를 달성했는지에 대해 더 깊이 있게 알 수 있고, 우리도 목표를 달성할 수 있다는 위안과 자신감을 얻을 수 있다. 최근에는 다큐멘터리와 리얼리티 예능도 있는데, 과장되는 면도 있지만 당신이 관심 있어 하는 내용을 접하기에 좋다. 해당 주제에 관한 책을 읽고, 팟캐스트를 들으며 당신의 관심 영역에서 일어나는 일을 찾아볼 수 있다. 당신은 예전과 비교할 수 없을 정도로 더 많은 정보와 기회를 얻을 수 있다.

여기서 가장 중요한 것은 당신에게 지지를 보내는 사람이 단 하나만 있어도 충분하다는 사실이다. 많은 사람들이 배우자, 형제, 가족, 친한 친구에게서 가장 큰 격려를 받는다.

! 행동하기

당신의 믿음과 목적의 영역은 어디인가? 어디에서 찾을 수 있는가? 목록을
작성해보고 목록에 있는 어떤 것도, 누구도 무시하지 마라.

요약

○ **삶의 목적:** 자신보다 더 큰 무언가, 그리고 더 큰 목적에 대한 믿
음은 인류 역사를 통틀어 한 사람이 품는 원동력의 주요 동기이
다. 궁극적인 삶의 성취를 향해 나아갈 수 있는 원동력의 밑바탕
을 원한다면 인생의 목적을 명확히 하고 거기에 헌신하라. 이것
이 당신이 가질 수 있는 가장 큰 자산이다.

○ **유전과 환경에서 타고난 출발점:** 당신의 부모님은 믿음을 어떻게
인식했는가? 굳건한 믿음을 지닌 사람들을 접한 적이 있는가?
삶은 선물이었는가, 아니면 짐이었는가? 세상은 부모님에게 유
리하게 작용했는가, 불리하게 작용했는가? 그들의 관점은 당신
의 '출발점'에 엄청난 영향을 끼쳤다. 당신의 출발점을 이해하라.

○ **내 결정의 주인이 되는 것:** 피해 의식은 믿음과 목적에 헌신하는
데 장애가 되지만, 책임감과 주인 의식은 당신을 준비시키고 움
직이게 한다. 자신이 품은 목적의 가치를 판단하지 말자. 당신을
움직이게 하는 진정한 힘은 목적이 무엇이냐가 아니라 목적을

품는 것 자체에 있음을 기억하자.

○ **진정으로 원하는 것:** 당신은 무엇에 열정을 가지고 있는가? 무엇 때문에 가슴이 아픈가? 무엇에 관심이 있는가? 당신의 머리와 가슴, 영혼을 움직이는 것은 무엇인가? 이 질문들에 대한 당신의 답은 더 나아질 수 있고 달라질 수 있고 또 그래야 한다. 가장 중요한 점은 당신의 관심사를 추구하고 실천하는 것이다.

○ **동기를 부여하는 것:** 당신의 동기는 의심할 여지없이 자신과 타인을 위해 봉사하는 것이지만, 이 두 가지를 함께 고민하고 적절히 균형을 잡는 것이 성공의 핵심이다.

○ **자신의 모습을 그려보라:** 자신의 믿음이나 목적을 정당화하려고 애쓰지 말자. 중요한 것은 자신의 믿음과 목적에 실제로 참여하며 마음의 평화와 위안을 찾는 것이다. 목표의 끝에 도달한 자신이 잘 상상되지 않더라도, 당신에게 목표를 향한 강한 신념이 있다면 그것을 따르라!

○ **믿음과 목적의 영역:** 자신이 선택한 믿음 또는 목적을 포용하는 사람과 함께하라. 따르고 싶은 사람의 삶을 살펴라. 다양한 정보를 접하라. 같은 관심사를 공유하는 사람들을 만나라.

4장

관계

사랑하는 사람과 함께할 때 삶은 더 즐거워진다

○
좋은 관계를 찾기 위해 먼저 살펴봐야 할 곳은 거울과 과거이다.
나 자신과의 관계가 관계의 최우선이다.

뉴욕시의 면적은 783.73제곱킬로미터이고 인구는 880만 명으로,
1제곱킬로미터당 인구는 1만 1228명이다. 모든 사람에게 89제곱
미터의 공간이 주어진다. 비교해서 설명하자면, 나의 집 뒤쪽 데크
는 65제곱미터이다. 이제 이를 인구 550만 명에 면적 33만 8439제
곱킬로미터인 핀란드 전체와 비교해보자. 이는 제곱킬로미터당 인
구가 16명에 불과하다는 뜻이다. 핀란드 국민은 한 사람 당 6만
1666제곱미터의 공간을 확보하고 있는 셈이다! 이토록 삶에 여유가
있는 핀란드 사람들이 뉴요커들보다 훨씬 더 행복하고 평화롭지 않
을까? 핀란드 사람들은 현재에 충실하고 느린 속도로 사는 법을 아
는 진정한 참선의 달인인 반면, 대도시 사람들은 혼잡한 환경에서
불안에 싸여 살아가고 있다.

핀란드 적십자사가 2021년 2월에 발표한 자료에 따르면 핀란드인 3명 중 1명이 외로움으로 고통 받고 있다고 한다.[1] 2016년 미국 공중보건협회에서 발표한 논문에서는 사회적 고립이 중요 사망 변수라는 핀란드의 또 다른 연구 결과를 소개했다.[2] 외롭고 고독한 사람들이 건강 상태가 나빠지고 더 빨리 사망한다는 것이다.

더 안 좋은 사실은 뉴욕에 인구 밀도가 높더라도 고립되고 단절되어 생활하는 사람들이 많다는 것이다. 미국에서 가장 빠르게 증가하는 만성 질병 중 하나는 '절망의 질병diseases of despair'으로 분류되는 것으로, 코로나19 팬데믹 기간에 급증했다. 온라인 소통과 줌 미팅은 사람들끼리 대면하며 만들어 가는 상호 작용, 친밀한 관계를 보완하지는 못하는 것 같다. 친한 친구든 평범한 지인이든, 직접 만나서 함께 소통할 때 얻는 에너지는 그 무엇과도 비교할 수 없다.

호주의 호스피스 간호사 브로니 웨어는 회고록 『내가 원하는 삶을 살았더라면: 죽을 때 가장 후회하는 5가지』에서 임종할 때 가장 후회하는 것 중 네 번째로 "친구들과 계속 연락했더라면"을 꼽았다. 다니엘 핑크는 저서 『후회의 재발견』에서 모든 연령대에서 가장 후회하는 첫 번째가 **관계에 대한 후회**였다고 말한다. 모든 사람이 관계의 중요성에 대해서는 고개를 끄덕이지만, 행복뿐만 아니라 건강, 삶의 질과의 실질적인 상관관계에 대해서는 잘 알지 못하는 것 같다.

이 주제를 조사하던 중 아이들과 함께 디스토피아 영화 한 편을 보았다. 디스토피아 영화들은 기본적으로 모두 줄거리가 비슷하다. 어떤 일이 발생해서 바이러스가 지구상의 거의 모든 사람을 멸종시키거나 지구를 불태우고 인류의 일부만 살아남는다. 그리고 한두 명의 고독한 개인이 무엇을 찾아 헤맨다. 스토리의 요점은 무엇일까? 그들은 금이나 포르쉐를 좇아 세상을 약탈하려는 것이 아니다. 대신에 필사적으로 다른 사람들을 찾는다. 당신이 내일 아침에 일어났을 때 지구에 당신만 남아 있다면 어떨까? 전기, 수도도 그대로 쓸 수 있고 원하는 음식도 먹을 수 있고 모든 것을 마음껏 이용할 수 있지만 지구상에 다른 생명체는 존재하지 않는다. 극장에서는 대형 스크린으로 좋아하는 영화를 무한정 몰아 볼 수 있다. 포르쉐 매장에 있는 아무 차나 끌고나가 시속 250킬로미터로 도심을 질주하고, 억만장자의 요트를 몰고 열대 해변에 정박할 수 있다. 마음대로 무엇이든 할 수 있다.

하지만 홀로 얼마나 오래 버틸 수 있을까? 얼마나 재미있을까? 다른 사람 없이는 아무런 목적도 없고 진정으로 재미있는 것은 아무것도 없다. 인생은 오직 다른 사람과의 관계에서만 의미가 있다. 수도사 토머스 머튼은 평생을 은둔자처럼 자신과 하나님만 바라보며 고독하게 살았다. 처음 그의 이야기를 접했을 때 나는 그가 선택한 삶의 가치에 의문을 품었다. 몇 달씩이나 홀로 앉아 하나님과 교감하는 것이 잘 납득되지 않았다. 그러다 머튼이 54권의 책을 쓰면서 대부분의 시간을 고독하게 보냈다는 사실을 알게 되었다. 그의 삶의 목적은 다른 사람들에게 긍정적인 영향을 주는 것이었다. 비록 사람들과 물리적으로는 떨어져 있지만 글로 연결된 관계였다. 그의 목적은 다른 사람들을 섬기는 것이었다.

친구가 있고 친구와 친밀한 관계를 맺는 것은 단순히 좋기만 한 것이 아니다. 그것은 절대적으로 중요하다. 아침에 일어나서 '아, 배고프다. 하지만 지금은 할 일이 많아. 다른 우선순위가 있어. 언젠가는 밥을 먹어야지'라고 생각하는 사람은 없다. 하지만 이것이 우리 문화가 관계를 대하는 방식이며, 우리는 감정과 목적에 굶주려 죽어 가고 있다.

❦ 행동하기

당신의 삶과 성취의 주요 동인은 바로 인간관계이다. 자신의 인간관계를 어떻게 평가하는가? 숫자가 아닌 질로 평가해보라. 친밀감을 느끼는 정도는? 만나거나 연락하는 빈도는? 관계가 삶에 도움이 된다고 생각하는가, 아니면 해가 된다고 생각하는가?

우리 안에 있는 '관계 유전자'를 살피자

역대 로맨틱 코미디 최고 흥행작은 배우 니아 발다로스가 각본을 쓰고 주인공 툴라 역을 맡은 2002년 영화 『나의 그리스식 웨딩』이다. 니아는 자신의 가족과, 그리스인이 아닌 남성과 결혼한 개인적인 경험을 바탕으로 영화의 각본을 썼다. 이 영화는 모두가 서로의 일에 신경 쓰는 툴라의 대가족이 툴라의 결혼 문제를 두고 심각한

갈등을 겪는 상황을 묘사한다. 이는 외동이고 그리스인이 아닌 남자친구 이안의 '건조한' 부모님과 극명한 대조를 이룬다. 영화는 두 가족의 모습을 통해 가까운 관계에서 느끼는 친밀감, 인생의 기복과 구성원 사이 소통과 연결의 가치를 공유한다.

당신은 약간 갈등이 있더라도 끈끈한 유대감이 있는 가족에서 태어났는가, 아니면 이안처럼 '건조한' 집안에서 태어났는가? 문제는 가족 규모나 관계의 수가 아니라 긴밀하고 의미 있는 관계와 연결에 관한 것이다. 이 책의 모든 장은 이런 주제를 다룬다. "유전은 총을 장전하고 환경(즉, 라이프스타일)은 방아쇠를 당긴다." 이 말은 여러 질병과 관련된 유전자를 발견하고 인간 게놈 프로젝트를 주도한 세계적 유전학자 프랜시스 콜린스가 남긴 명언이다. 말하자면 당신의 어떤 측면은 총에 장전되었지만, 원하는 결과를 향해 방아쇠를 당겨 라이프스타일을 만들어 가는 것은 오직 나 자신이다.

가족 간의 갈등, 부모의 학대나 이혼 등 가족에 문제가 있었다고 해서 반드시 관계에 대해 결핍되어 있다고 느낄 필요는 없다. 더 문제가 되는 것은 인간관계가 없는 고독한 삶이다. 당신의 부모님과 가족, 윗세대가 삶에서 관계를 우선순위로 삼았는지, 그 관계가 건강하고 강한 관계였는지, 아니면 멀고 약한 관계였는지 살펴볼 필요가 있다.

심리학자 케빈 리먼은 35년 동안 출생 순서를 연구해 『나는 왜 나인가?』를 썼다. 이 책에서 그는 출생 순서가 그 자체만으로도 업무 성과에 큰 영향을 끼칠 수 있음을 보여준다. 예를 들어 통계적으로 맏아이는 부모로부터 더 많은 관심과 격려, 자원을 받기 때문에 자기 동기 부여가 강하고 자신감 있는 인재로 성장해 리더 역할을 맡는 경우가 많다. 하지만 형제가 없는 경우는 자기중심적이고 협업에 어려움을 겪을 수도 있다. 출생 순서는 다음에 설명하는 환경적 요인에 더 기인할 수 있지만, 외동 자녀가 많거나 부모와 조부모가 모두 맏이인 경우 한 사람의 출발점에 영향을 끼칠 수 있다.

❗행동하기

유전적 요인이 당신이 지닌 관계에 대한 욕구를 어떻게 이끌었는가? 생물학적 조상이 어떻게 관계를 맺는 사람들이었는지를 고려했을 때, 이러한 유전적 출발점이 당신의 욕구에 도움이 되었는가, 방해가 되었는가? 어떻게 그러한가? 그에 따라 욕구를 어떻게 조정할 수 있겠는가?

유전의 영향 말고도, 성장 과정에서 관계는 어떻게 다뤄졌는가? 부모님 또는 당신을 길러준 분들이 가족에게 헌신적이었는가? 꾸준하게 소통하고 가족 간의 일을 먼저 신경 쓰고 챙기는 이들이었나? 그들은 건강한 관계를 맺었는가? 친구 관계는 어땠는가? 생물학적, 가족으로 연결된 것을 넘어 가족 간에 끈끈하고 헌신적인 친목이 있었는가? 가족의 삶에 신경 써준 다른 사람들이 있었는가? 그들에게 끈끈하거나 지속적인 우정이 있었는가? 이러한 모든 요소는 당신이 맺는 관계의 출발점에 큰 영향을 끼친다.

가족, 특히 대가족과 더 밀접한 관계를 맺은 사람들이 그렇지 않은 사람들보다 더 건강한 관계를 맺고 강한 원동력을 지니는 경향이 있다. 조부모, 숙모, 삼촌, 사촌과의 관계가 밀접했던 어린 시절과 청년 시절을 보낸 사람들의 관계의 원동력과 기대치가 통계적으로 더 높다. 부모님이 친구들과 지속적으로 소통하고 삶을 공유했던 사람들도 마찬가지였다. 관계에 대한 경험은 서로를 챙기는 친밀한 관계를 친숙하고 편안하게 여기게 만든다.

힘든 시기에 부모, 양육자가 맺은 관계가 어떻게 작용했는지를 살펴보면 성장 환경에서 관계의 영향을 더 알 수 있다. 힘들 때 부모님이 격려와 사랑, 지원을 받기 위해 다른 사람에게 의지하는 모습을 본 적이 있는가? 부모님이 누군가에게 조언을 구했는가? 도움이 필요할 때 관계에서 도움을 받았는가? 아니면 고립되어 스스로 해결했는가? 부모님의 어떤 행동에 노출되었든 당신은 이를 무의식적으로 반복할 가능성이 높다. 물론 때때로 다른 사람에게 지나치게 의존하는 사람들이 있는데, 이 역시 좋지 않다. 여기서 핵심은 **영향**이다. 자신의 타고난 환경과 그에 따른 영향을 인식하는 것이다.

👤 행동하기

환경이 당신의 '관계에 대한 원동력'에 어떤 영향을 끼쳤는가? 당신의 성장 과정과 양육자, 크게 영향을 끼쳤던 사람들을 고려할 때, 관계에 대한 환경적 출발점이 당신의 원동력에 도움이 된다고 생각하는가, 아니면 방해가 된다고 생각하는가? 어떻게 그렇다고 생각하는가?

인생에서 큰 성취감을 얻으려면 어떤 관계를 맺어야 할까? 그 관계
는 어떤 모습이어야 하며, 서로에게 어떻게 작용해야 할까? 각자에
게 고유한 관계에 대한 원동력을 가로막는 가장 큰 장애물은 '올바
른 관계'에 대한 우리의 개념이다. 어렸을 때는 친한 친구들을 사귀
고, 대학 시절에는 평생 지속되는 사회적 관계를 형성하며, 삶에서
주요한 관계가 되는 배우자를 만나고, 자녀를 낳거나 입양하고, 그
렇게 가까운 친구와 가족으로 구성된 소중한 관계를 맺기를 우리는
기대한다.

　인류의 역사를 '부족의 역사'로 보면 이러한 기대에는 선례가
있다. 공동체는 힘이 있고 안전하며, 의미가 있다. 성격 유형이나 타
고난 성향에 관계없이 우리 조상들은 어느 정도는 '그리스 대가족'
으로 살았고, 공동체의 개인은 그 안에서 기능하는 법을 배웠다. 개
인들은 기본적인 생존을 위해 서로에게 기대야 했다. 오늘날 이러
한 개념은 거의 완전히 사라졌지만, 우리는 여기서 몇 가지 출발점
을 찾을 수 있다. 과거의 공동체는 의식주를 해결하기 위해 수렵과
채집, 농사와 같은 일상적인 일을 했다. 물론 오늘날 우리는 일상적
인 생존을 위해 분투할 필요가 없다. 우리는 대면하지 않고 컴퓨터
로 일하고, 집을 나서지 않고도 생필품을 살 수 있다.

　신체적, 경제적 생존 측면에서 우리는 더 이상 공동체와 관계
에 의존할 필요가 없어졌다. 그리고 쉽고 편리한 것을 추구하는 경

향이 강해지면서 관계에 들이는 노력 역시 줄어들었다. 코로나 팬데믹 기간에 대부분의 사람들은 대면 접촉 없이 업무나 사업을 하는 방법을 찾아냈다. 온라인에서 만났고 화상 회의 기술은 새로운 차원에 도달했다. 이는 가상으로 사람들을 실시간으로 보고 들을 수 있는 「스타 트렉」의 홀로그램을 떠올리게 한다. 가상으로 사람을 만나는 여러 기술로 일을 처리하며 우리는 모든 것이 수월하게 진행되고 있다고 착각한다. 하지만 하버드대학교 '배려를 일상으로' 프로젝트Making Caring Common Project의 2021년 보고서에 따르면 미국인 세 명 중 한 명 이상이 팬데믹 기간 동안 "심각한 외로움"에 직면했으며, 이 중 청년층은 60퍼센트가 넘었다. 정서적 생존, 삶의 목적, 삶의 성취를 위해서는 직접 만나고 접촉하는 관계가 꼭 필요하다. 이런 관계에서 궁극적으로 우리는 삶의 목적을 찾을 수 있으며, 이는 우리 삶을 주요하게 이끄는 원동력이다.

나는 우리 삶의 핵심 원동력으로서 관계가 지니는 커다란 가치에 대해 이야기하고 있지만, 특정 유형의 관계를 맺자고 주장하는 것이 아니라 관계를 맺는 데 어떤 것을 고려해야 하는지를 이야기하는 것이다. 어떤 관계를 맺을지는 궁극적으로 당신에게 달려 있다. 문화적 기대에 따른 관계가 아니라 당신에게 삶의 원동력을 주고 성취감을 주는, 당신에게 고유한 관계를 찾아야 한다. 이제 우리가 삶에서 맺는 주요한 관계들을 살펴보자. 그리고 만약 당신이 이 관계들을 어떻게 인식하고 규정할지 알지 못하거나, 그러한 인식과 규정에 동의하지 않을 경우 이 관계들이 삶의 원동력을 어떻게 가로막을 수 있는지 알아보자.

자기 자신

베스트셀러 『에브리데이 히어로』의 저자 로빈 샤르마는 내가 모든 관계의 기초인 '자신과의 관계'에 주목하게 해주었다. 우리는 자신과의 관계를 자주 잊곤 한다. 「가치, 동기, 습관」이라는 팟캐스트 에피소드에서 관계에 대한 나의 질문에 로빈은 자신의 최우선 순위가 자신과의 관계라고 답했다. 내가 분명하게 개념화해본 적 없던 이 지혜로운 말은 바로 내게 울림을 주었다. 먼저 자기 자신과 좋은 관계를 맺지 않는다면 어떻게 다른 사람들과 건강하고 만족스러운 관계를 맺을 수 있을까? 자신과의 관계를 최우선 순위로 두지 않으면 다른 사람과의 관계도 부정적으로 시작할 수 있다. 스스로를 가치 없는 사람이라 업신여기고, 자신을 혐오하고 불신하고 인정하지 않는다면, 타인에게 지나치게 의존하는 불건강한 관계와 삶의 원동력을 얻지 않겠는가? 나는 나 자신에 대해 자부심을 느끼기도, 경멸하기도 했고 이런 인식을 따라 나의 인간관계도 만들어졌다. 만약 누가 나에게 "젊은 날의 자신에게 어떤 말을 해줄 것인가?"라고 묻는다면 자신과의 관계가 관계의 최우선이라는 말을 가장 먼저 해줄 것이다. 이 장의 뒷부분에서 이에 대해 좀 더 자세히 설명할 것이다.

연인

외계인이 지구를 방문해 인간의 노래를 듣는다면, 우리가 연애, 데이트, 섹스에 집착한다는 것을 바로 짐작할 수 있을 것이다. 지금까지 만들어진 노래의 거진 60퍼센트가 사랑에 관한 노래이다. 얼마나 많은 소셜 미디어와 광고가 연인 간의 친밀한 관계를 다루는지 조사해도 흥미로울 것이다. 어쩌면 연인과의 관계는 삶의 핵심 동력일지도 모른다. 그렇지만 당신도 그러한가? 연인이 우리 삶의 주요 동력이 되어야 할까? 플라토닉한 관계로도 만족스러울 수 있을까? 과학자들은 인간의 연애 욕구romantic drive가 주로 종족을 유지하기 위해 존재한다고 설명한다. 이는 오늘날 거의 논쟁의 여지가 없어 보인다.

인간은 본질적으로 연애와 성에 대한 욕구를 가지고 있지만, 그렇다고 해서 항상 결혼이나 이와 유사한 장기적인 일부일처제 관계를 이뤄야 할까? 비난을 받기 전에 말하자면, 나는 여기서 급진적인 관계를 옹호하려는 것이 전혀 아니다. 나는 살면서 철저히 전통적인 배우자 역할을 따랐다. 하지만 평생의 배우자를 찾는 것이 당신에게 삶의 우선순위인지, 아니면 현재 진정으로 원하는 다른 열망에 관계가 걸림돌이 되는지 자문하는 게 필요하다. 일에 헌신하는 것에서 성취감을 느끼고 성공했지만 누군가와 평생 연애를 할 필요가 없다고 느꼈던 역사 속 위대한 인물들이 있었다. 여기서 질문을 던져보자. 결혼과, 영원한 에로스적 사랑이 당신 삶의 우선순위인가? 그것 없이는 성취감을 느끼지 못하는가? 당신이 진정으로 원하는 것과, 의심 없이 받아들여 온 문화적 규범, 기대, 압력이 무엇인지 생각해보자. 결혼과 사랑이 삶의 핵심 원동력이라면 괜찮다. 다만 당신이 의심하지 않고 받아들인 문화적 기대는 당신이 진정으로 원하는 것과는 매우 다른 인생의 길로 이끌 수 있으므로 여기에 의문을 제기해보라는 것이다.

부부

결혼은 물론 방금 다룬 연인 관계와도 같은 결에 있지만 여기서 따로 언급하는 이유는 결혼이 우리 문화에서 가장 큰 문화적 기대 중 하나이기 때문이다. 나는 바이블 벨트에서 자랐는데, 그 문화 사람들에겐 교회에 다니고, 대학에 간 후 직장을 얻고, 결혼하고, 아이를 낳는 것이 자연스럽다. 그렇지만 만약 명백한 문화적 기대가 없다면 모든 사람들이 그렇게 할까? 다시 한번 강조하지만 나는 결혼을 부정하는 게 아니라, 이런 관계가 당신이 진정으로 원하는 관계인지, 아니면 「나의 그리스식 웨딩」에서 "너는 너무 나이가 많아. 이제 결혼해라. 아기를 낳아야지"라는 아버지의 애원 같은 사회적 압력에 굴복한 것인지 자신에게 질문을 던져보라는 것이다.

부모와 자식

결혼과 마찬가지로 자식을 가져 부모가 되어야 한다는 것은 공공장소에서 옷을 입어야 하는 것만큼이나 우리 사회에 깊이 박힌, 문화적으로 기대되는 또 다른 통과의례이다. 나에게는 아홉 명의 자녀가 있고, 나는 아버지가 되어 풍부한 경험을 하고 엄청난 성취감을 느끼는 삶에 깊이 감사한다. 부모인 것은 이제 내 DNA의 일부이며, 이보다 더 큰 명예는 없을 것이다. 그러나 부모가 되어야만 완전하고 가치 있는 삶을 살 수 있다고 생각하지는 않는다. 사업가가 되는 것이 모든 사람에게 맞는 길이 아닌 것처럼 마찬가지로 부모가 되는 것 또한 모든 사람에게 적합한 길은 아니다.

우주 탐사를 한 내 동생은 우주 공간에서 지구를 바라볼 때 존재에 대한 인식과 개념이 심리적으로 변화한다는 '오버뷰 효과 overview effect'에 크게 동의한다. 「스타 트렉」의 유명 배우인 윌리엄 샤트너도 최근 실제로 우주에 다녀온 경험을 이야기하며 우주의 경이로움에 감탄했다고 말했다. 그를 비롯해 모든 우주 비행사들은 우주여행에서 겪는 가치관의 변화를 이야기하며 사람들도 자신처럼 패러다임의 전환을 이끄는 우주 경험을 하기를 바란다. 하지만 나는 우주에 가고 싶은 욕구drive가 없다. 주변의 가까운 친구들 중에는 아이를 낳지 않은 이들이 있다. 그들은 부모가 되어 자식을 얻는다는 것이 얼마나 중요한지 알지만 다른 경험을 선택했다. 나도 대가족의 아버지로서 바쁘게 살아오면서 삶의 다른 경험들을 놓쳤다. 부모가 된다는 것 또한 중요한 경험이다. 그러나 부모가 되어야 한다는 문화적 기대에서 벗어나 자신에게 자녀를 가지고 싶은 진정한 욕구, 타당한 동기가 있는지 자문해보라.

가족

「나의 그리스식 웨딩」을 비롯한 많은 영화에서 가족 간 갈등과 문제를 (아마도) 과장되게 묘사하지만, 그러면서도 결국 가족은 무척 소중히 그려진다. 여기서 말하는 가족은 생물학적 가족과는 관계없다. 당신은 당신의 전반적인 가족 관계를 어떻게 규정하고 싶은가? 끈끈하고, 중요하며, 소중한 관계였는가? 아니면 해가 되거나 트라우마가 되는 관계였는가?

가족 관계를 의무로 여기는 사람들이 많다. 가족이 모인 자리에 선물을 들고 우울한 얼굴로 걸어 들어가는 명절 풍경을 종종 보기도 한다. 많은 이들이 가족의 대소사에 의무감으로 참여한다. 물론 가족 문제로 트라우마를 겪은 후 가족을 완전히 거부한 사람들도 많다. 고통과 학대를 경험한 이들이 느끼는 고통은 극심하다. 진정으로 가족의 일에 즐겁게 참여하고 큰 가치와 소속감, 성취감을 느끼는 사람들도 물론 있다. 나는 "네 아버지와 어머니를 공경하라"는 성경 계명 아래서 자랐고 이 가르침은 조부모, 숙모, 삼촌 등에게까지 확장되었다. 하지만 괴로운데도 단순한 의무감으로 가족 일에 참여하는 것이 진정으로 의미 있는 일일까?

당신에게 주어진 과제는 가족에 대한 자신의 감정과 소통하는 것이다. 가족에 대한 관점과 감정이 다른 관계에 대한 당신의 욕구에 어떤 영향을 끼치는가? 가족과의 친밀한 관계를 원하는가? 그것은 가능한가? 지금이 당신이 원하는 것을 살펴보라. 그리고 지금을 선택권이 없이 겪어야 했던 가족 문제에 대해 당신에게 여전히 남아 있는 분노를 버리는 기회로 삼자.

친구

친구는 많은 사람들이 가장 유익한 가족을 찾을 수 있는 관계이다. 혈육은 선택할 수 없지만 친구는 선택할 수 있다. 싱어송라이터 벤 렉터Ben Rector는 어린 시절의 추억을 떠올리며 그때와 지금의 현실을 노래하는 「오랜 친구Old Friends」라는 멋진 노래를 만들었다. "오랜 친구는 새로 사귈 수 없다You can't make old friends"라는 속담이 있다. 하지만 많은 이들이 소셜 미디어에 수천 명의 '친구'가 있지만 한밤중에 도움을 청할 수 있는 진짜 친구는 한 명도 없는 시대에 살고 있다.

당신은 어떤 우정을 원하는가? 매주 모여서 함께 어울리는 동호회 사람들인가? 혹은 우리 시대의 대표 시트콤 「치어스」 「사인필드」 「프렌즈」 「오피스」 속 괴짜 친구들처럼 끈끈한 우정을 쌓아 가는 친구인가? 연락할 친구가 많은 것이 좋은가, 아니면 한두 명과의 깊은 우정을 좋아하는가? 당신은 어떤 스타일의 우정을 선호하는가?

그렇다면 우정을 구성하는 기본 틀은 무엇일까? 재미와 동지애? 삶의 희로애락을 공유하는 것? "쇠는 쇠로 벼려지고 사람은 이웃의 얼굴로 벼려진다Iron sharpens iron"는 잠언처럼 서로 영향을 주고받는 사이? 속마음을 털어놓을 수 있는 사람? 우정이 어떤 것이고 어떤 모습이어야 하는지에 대한 수많은 문화적 틀이 있는데, 우정의 형태에는 옳고 그름이 없다. 하지만 지속적인 우정은 서로에게 힘을 주고 북돋아주는 유대감에서 비롯된다.

많은 사람들이 자신이 어떤 우정의 형태를 만들어 가야 하는지 고민하지 않고 관계를 쌓으려 한다. 때로는 서로 힘을 빼앗고 해를 입히는 관계를 맺기도 하는데 이는 진정한 우정이라 할 수 없다.

사교 모임

그 자체로는 우정이라고 할 수 없지만, 우정을 이야기할 때 고려해야 할 중요하고 유익한 여러 모임이 있다. 비즈니스 세계에서 우리는 종종 '네트워킹'에 대해 이야기하며, 그렇기에 상공회의소는 여전히 비교적 활발하다. 오늘날에는 이러한 모임이 온라인에서 이루어지는 경우가 많은데, 비즈니스에서 취미, 삶의 경험을 공유하는 것에 이르기까지 다양한 주제로 많은 이들이 활발하게 모인다. 교회든 함께 운동을 하는 팀이든 같은 관심사를 지닌 사람들과 소통하면서 우리는 생각을 전환하며 깨달음을 얻거나 일에 다리를 놓는 등 이런저런 가치를 발견한다.

그렇다면 어떤 사회적 노출이 나에게 가장 적합할까? 내 주변에는 비즈니스 관련 사교 모임에 참석해 도움을 받는 친구들이 많다. 사교를 위해 포커를 치는 모임에 나가는 친구들이나, 신앙을 기반으로 한 사교 모임에 참석하는 친구들도 있다. 사실 나는 어느 모임에도 거의 참석하지 않는다. 잡담을 하는 것이 내게는 너무나 힘들다. 시끄럽고 복잡한 환경에서 대화를 나누는 것이 힘들 뿐 아니라 사람들에게 잘 보여야 한다는 내적인 압박도 있기 때문이다. 하지만 이런 사교 모임의 이점을 잘 알고 있기 때문에 매우 신중하게 선택해 참석한다. 이 글을 쓰는 지금 내게는 두 개의 팟캐스팅 행사와 네 명이서 12시간 동안 산악자전거를 타는 모임이 예정되어 있다. 그리고 매주 금요일 커피숍에서 네 명의 남자들이 만나 대화를 나누는 모임이 있다. 이제 스스로 질문을 던져보자. 사교 모임에 참여하여 얻는 이점은 무엇인가? 어떤 점이 매력적인가? 규모가 큰 모임인가 작은 모임인가? 친목과 재미를 위한 모임인가? 특정 목적을 위한 모임인가? 어떤 유형의 사교 모임이 삶의 특정 영역에서 삶의 원동력을 높여줄 것인가?

동료

집에서 혼자 일하는 사람이더라도 일을 하려면 다른 사람들과의 소통이 필요하다. 사교 모임에서와 마찬가지로 우리는 일에서 실리를 좇을 뿐 이 일이 자신에게 맞는 것인지는 잘 고려하지 않는다. 1인 기업으로서 성공적으로 자리를 잡고도 사람들과 함께 일하는 사회적인 업무 환경으로 돌아가기 위해 1인 기업이라는 일의 형태를 포기한 이들도 있다. 반면 업무 능력은 뛰어나지만 사람들과의 소통이 많은 업무 환경에 배치되어 큰 스트레스를 받는 사람들도 있다.

최근 여러 대기업이 삶의 대부분을 직장에서 보내는 직장인들을 위해 유쾌하고 재미있는 업무 환경을 만들려 노력하고 있다. 실리콘 밸리에는 캐주얼한 복장을 허용하고, 커피 바나 테이블 축구 게임을 설치하는 회사들이 늘고 있다. 이런 회사 차원의 노력 말고, 당신이 일을 잘하는 데 도움이 되는 업무 환경은 무엇인가? 무엇이 당신에게 힘을 주는가? 무엇이 당신에게 영감과 의욕을 주는가? 협업할 때 힘이 나는가? 혼자 일하는 것이 편한가? 동료들과의 관계가 중요한가? 회의와 토론은 자주 하는 것이 좋은가?

여기서 이야기하고 싶은 것은 '협업'에 대한 일반적인 관념이다. 많은 이들이 협업을 최선의 결과를 내는 데 꼭 필요한 것이라 이야기한다. 실제로도 다른 사람의 도움과 참여 없이 업무를 잘 수행할 수 있는 사람은 거의 없다. 협업은 전통적으로 집단을 이뤄 긴밀하게 협력하고 모든 업무에서 서로를 돕는 것으로 정의된다. 협업을 하며 조직은 서로 의지하는, 크고 행복한 하나의 집단이 된다. 하지만 이러한 관점이 언제나 옳기만 한 것일까?

각자에게는 자신만의 업무 스타일이 있다. 독립적이고 자율적으로 일하면서 더 많은 에너지를 얻고 더 뛰어난 성취를 하는 이들도 있다. 앞서 말한 '스파크타입' 검사에서 자신에게 적합한 협업 유형과 업무 관계를 파악할 수 있다.

그 관계는 당신이 원한 것인가

다시 한번 말하자면, 우리가 추구하는 관계는 우리가 깊이 고민하고 의도한 경우가 거의 없다. 우리가 맺는 관계는 대체로 의심 없이 받아들인 문화적 기대와 우연한 노출에서 비롯된다. 우리는 맹목적으로 '운전'하고 있다. 규범에 의문을 던지고 무엇이 궁극적으로 나를 만족시키는지 자문해 전반적인 삶의 성취감을 높여보자. 어떤 관계와 관계적 특성이 진정으로 당신에게 삶의 원동력을 주는가?

물론 문화적 규범을 따르지 않는 데 어려움이 따를 것이다. 예를 들어 많은 사람들이 비혼으로 남는 이들을 못마땅하게 보고 멋대로 비난한다. 그러나 이런 기대가 아니라 무엇에서 당신이 진정한 성취감을 느끼는지 스스로 질문해보라. 우리 앞에는 여러 선택지가 있다. 우리는 삶의 모든 영역을 경험하며 자신만의 아름다운 관계를 만들고, 자신을 움직이는 진정한 삶의 원동력을 찾을 수 있다. 연인과 배우자, 자녀가 인생에서 중요한 의미가 아닐 수도 있다. 연인 관계, 결혼 생활에 집중하는 대신 자신에게 투자할 수도 있다. 사람들은 자신만의 다양한 관계를 만들 수 있다.

나 자신과의 건강한 관계가 먼저다

삶의 중요한 가치와 기업가 정신에 헌신한다는 전반적인 메시지는
높이 평가하지만, 영화 「제리 맥과이어」 속 "당신은 나를 완성시켜
You complete me"라는 감성을 자극하는 유명한 대사는 내가 생각하기
에 관계에 대한 가장 해로운 묘사 중 하나이다. 우리 사회는 문화적
으로 기대되는 특정 관계가 없는 이들을 불완전한 존재로 평가한다.
이런 기대 때문에 우리는 공허함을 채우기 위해 사람들에게 습관적
으로 애착을 품는다. 채울 수 없는 공허함은 상대에게 심리적으로
과도하게 의존하는 역기능적 관계를 만들어낸다.

우리 삶의 핵심 동기는 다른 사람들과의 관계이다. 우리는 관
계에서 삶의 가장 큰 목적을 발견한다. 그러나 그보다 더 핵심적인
동기는 건강하고 온전한 자기 자신에게서 얻는 것이다. 그렇다면 나
를 완성하기 위해 정말 누군가가 필요한 것일까? 우리가 완전해지
려면 결혼을 해야 할까? 우리가 완전해지려면 자녀를 가져야 할까?

완전해지려면 우리 삶에서 어떤 사람이 필요할까? 그렇지 않다면 우리가 완전히 잘못 생각하고 있는 것일 수도 있다.

절친한 친구 스콧과 허민 스터먼을 이야기해보자. 스콧은 유명 조각가이고 허민은 유명 상담가다. 두 사람에게는 자녀가 없다. 그렇다면 그들은 사람으로서 불완전한 것인가? 온전하지 않은 것인가? 아니면 자녀가 없다는 것은 단순히 그들이 경험하지 못한 인생의 한 측면일까? 그들은 내 아홉 아이들의 대부모가 되어 아이를 기르는 기쁨을 간접 경험했지만 아이를 낳고 기르는 실제적인 경험은 하지 못했다. 이것은 그들이 참여하지 않은 인생의 한 조각이다. 하지만 아이가 없다고 해서 그들이 불완전한 것은 전혀 아니다. 단지 인생에서 가능한 모든 경험을 전부 다 해보지 않았을 뿐이다. 그리고 누구도 모든 경험을 다 할 수는 없다. 내가 아홉 아이들을 키우는 동안 그 친구들은 내가 접할 수 없는 인생의 웅대한 측면들을 경험하고 있었다. 여행을 하고, 집을 짓고, 많은 사람들과 두터운 교류를 쌓았다. 내가 이 일 저 일로 정신없이 바쁜 동안 그들은 존재의 기쁨을 누렸다. 나는 내가 경험하지 못한 인생 경험을 쌓은 사람들에게 그러는 것처럼, 스터먼 부부에게서 그들이 특별한 영역에서 쌓은 지혜를 전달받고 있다.

한 사람이 다른 사람에 의해 완성된다는 개념은 우리를 궤도에서 벗어나게 하고, 관계에서 일어나는 갈등을 인간으로서 우리가 짊어지는 가장 큰 짐 중 하나로 만든다. 삶의 기쁨은 우리가 자신 안에서 가능한 한 온전하고 완전한 존재가 되고, 관계를 통해 삶의 경험과 깊이, 경이로움을 확장하는 데 있다.

진정한 관계를 가로막는 장애물에 대해 말하면서 나는 첫 번째로 자신이 먼저 온전하고 성취감을 느끼는 것이 가장 중요하다고 말했다. 그 다음에 인생을 더 경험하려는 욕구와, 나 자신이 원하는 인생의 조각을 완성하려는 욕구로부터 관계를 추구해야 한다. 로맨틱하고 에로스적인 사랑을 원한다면 그 이유는 무엇인가? 당신의 욕망과 목표는 무엇인가? 연애를 넘어 장기적으로 헌신하는 관계로 나아가고 싶은가? 이유는 무엇인가? 그것은 당신에게 어떤 모습인가? 부모가 되어 아이를 기르고 싶은 마음도 있는가? 그 이유는 무엇인가?

3장에서 제시한 '동기를 부여하는 감정 목록'을 다시 살펴보면 현재와 과거의 관계를 평가하고 그런 관계들을 추구한 이유를 찾는 데 도움을 받을 수 있다. 그런 다음 현재의 관계를 긍정적이고 건강하게 개선하고 새로운 관계를 추구하기 위한 방법을 생각해보라.

🏆 행동하기

당신은 당신이 관계에서 원하는 것을 왜 원하게 되었는가? 각 관계에서는 어떤 감정을 느끼는가? 어떤 상황에서 그러한가? 지금 맺고 있는 관계에서 불공평하고 건강하지 않은 욕구를 채우려고 하지는 않는가?

좋은 관계 속 나의 모습을 생생하게 상상하라

연예인 커플의 연애와 결별 소식만큼 사람들의 관심이 크게 쏠리는 것도 없을 것이다. 십 대 독자를 겨냥한 가십성 기사를 피하려 하는 나 같은 사람도 벤 에플렉과 제니퍼 로페즈, 킴 카다시안과 카니예 웨스트, 비욘세와 제이 지의 소식을 안다. 안타깝게도 이러한 과장된 (늘 그렇지만도 않겠지만) 기사들은 관계에 대한 우리의 생각에 스며든다. 어린 시절 보았던 디즈니 만화도 우리의 연애관에 심오한 영향을 끼치는 것 같다.

당신은 원하던 연애를 하는 나 자신을 상상할 수 있는가? 혹은 장기적으로 헌신하는 관계를 맺고 있는가? 설렘이 여전히 관계의 일부이기는 하지만 전부는 아닐 때 당신의 관계는 어떤 모습과 느낌일까? 마찬가지로 부모인 자신의 모습을 그려보라. 어떤 부모가 되고 싶은가? 자녀가 어린이일 때, 청소년일 때 당신은 부모로서 어떤 모습을 하고 있는가? 꿈꾸던 부모가 되기 위해 뭔가 배우고 있는가? 친구 관계는 어떠한가? 당신은 어떤 친구를 사귀고 싶고, 그런 우정 관계를 형성하기 위해 노력하고 있는가?

관계에서 당신의 역할을 미리 상상해보라. 구체적으로 상상해볼수록 당신이 그리던 관계를 이룰 가능성이 훨씬 더 높아진다. 관계라는 극의 주인공이 되어 미리 자신의 캐릭터를 선택해보라. 어떤 역할을 고르는지가 당신의 삶뿐만 아니라 당신과 관계를 맺고 있는 모든 사람들에게도 나비 효과처럼 큰 영향을 미칠 것이다.

당신은 아마도 진정으로 삶의 원동력을 얻을 만한 주요 역할을 추구하고 싶을 것이다. 당신은 받는 것보다 주는 것을 더 좋아하는 쪽에 가까운가? 가족을 먹여 살리는 부양자인가? 길을 안내하는 사람, 위안을 주는 사람인가? 애정에 굶주린 사람이나 악역 또는 대립하는 사람이 되려는 이는 없지만, 우리가 지금 하고 있는 이 과정을 거치지 않으면 그렇게 될 수도 있다.

도움이 되는 사람들로 내 주변을 감싸라

달리기를 시작하고 싶다면 러닝 크루에 가입할 수 있다. 미술을 하고 싶다면 미술 취미 모임을 찾을 수 있다. 하지만 훌륭한 배우자, 연인, 부모, 동료, 사촌이 되고 싶을 때는 얘기가 다르다. 건강하고 온전한 관계를 위한 진정한 지식과 지침은 찾기 어렵다. 우리는 자신이 선택하지 않았지만 태어나면서부터 노출되어 경험한 관계에 지나치게 영향을 받는 경향이 있다.

앞서 살펴본 것처럼, 좋은 관계를 찾기 위해 먼저 살펴봐야 할 곳은 거울과 과거이다. 지금까지의 관계를 살펴보고 합당한 책임을 지고, 더 중요하게는 앞으로 당신이 그려 나갈 관계에 책임을 지는 것이다. 자기 인식에서 중요한 점은 혼자서는 할 수 없다는 사실이다. "나무만 보고 숲은 보지 못한다"는 말이 있다. 우리 자신에 관해서는 우리가 나무이다. 우리는 외부와 단절된 상태에서는 제대로 된 자기 인식을 할 수 없다. 비즈니스 브랜딩 측면에서 보면, 현실적으로 우리는 자신의 브랜드가 어떤 이미지인지 말할 수 없다. 어떤 브랜드가 진정 무엇인지 말해주는 것은 고객이다. 자기 인식을 할 때 우리는 자신의 의도에 따라 자신을 평가하는 반면, 다른 사람들은 우리에 대한 그 자신의 경험에 따라 우리를 판단한다. 물론 그들의 경험도 편견 때문에 흐려져 정확하지 않을 수 있으므로, 편견이 없고 해당 분야에 전문성이 있는 사람, 즉 상담사나 심리치료사에게서 의견을 듣는 것도 좋다.

프로 야구 선수에게는 최고의 코치와 트레이너가 붙는다. 이는 계약의 일부이다. 이에 더해 대부분의 선수는 추가로 개인 트레이너를 고용해 자신만의 기술을 벼리고 부족한 부분을 보완한다. 선수가 아닌 우리는 인간으로서 탁월해지기 위해 노력하는 과정에서, 심각한 곤경에 처했을 때 전문 트레이너를 찾는다. 나 역시 그렇다. 다시 말하지만 첫 번째 관계 영역은 자신과의 관계이다. 당신 자신을 정확히 볼 수 있게 도와줄 만한 사람을 찾아보라.

주변의 다양한 관계를 살펴보면서 그들에게서 배우려고 노력하라. 그들이 어떻게 그렇게 건강한 관계에 이를 수 있었는지 솔직하게 물어보라. 아마도 그들은 반가워하며 자신의 이야기를 들려줄 것이고, 이를 통해 당신은 새로운 각도의 관점, 당신에게 유용한 지혜를 얻을 수 있을 것이다.

아이를 키우는 것도 마찬가지이다. 나는 부모로서 내게 본보기가 되어준 멘토를 만났고, 그 덕분에 어느 정도 성공적인 육아를 할 수 있었다. 우리 부부에게는 엄청난 관계 자원이 있고, 이제 우리는 인간관계보다는 일, 재정 또는 건강에 대한 조언을 더 구하곤 한다. "1950년대에 살던 사람이 현대에 갑자기 나타난다면 오늘날의 삶에 대해 가장 설명하기 어려운 것이 무엇일까?"라는 질문을 웹에서 본 적이 있다. 그 글에는 이런 댓글이 달렸다. "내 주머니에는 인간이 아는 모든 정보에 접근할 수 있는 장치가 있다. 나는 그 장치로 고양이 사진을 보거나 낯선 사람과 말씨름을 한다." 조언해줄 사람이 없다면 웹에서 구하라.

요약

O **관계**: 삶에는 인간관계가 중요하다. 하지만 우리는 자신이 어떤 관계를 원하는지 깊이 생각해보지 않고 그저 문화적 규범을 따라 이런저런 관계를 좇는다. 자신이 진정으로 원하는 관계가 무엇인지 생각해보라.

O **진정으로 원하는 관계**: 사회적 기대로부터 한 발 물러서서 당신의 관계를 점검해보라. 당신은 당신에게 어울리지 않는 관계를 맺고 있을 수도 있고, 아직 적합한 관계를 찾지 못했을 수도 있다. 이제 자신이 진정으로 원하는 것이 무엇인지, 그리고 자신에게 진정으로 맞는 것이 무엇인지 고민하자.

○ **관계를 움직이는 동기를 확인하라**: 당신의 인간관계를 이끄는 동기는 무엇인가? 공허함인가, 의존하고 싶은 마음인가? 어떻게 하면 인간관계가 삶을 더 다채롭게 펼쳐줄 수 있을까?

○ **자신의 모습을 그려보라**: 당신이 맺고 싶어 하는 관계에서 자기 자신의 모습이 어떨지 상상해보라. 그 안에서 어떤 기분을 느끼고 싶은지, 자신의 역할은 무엇인지 생각해보라. 관계는 그냥 생기는 것이 아니라 만드는 것이다.

○ **이상적 관계의 모습을 구체적으로 배우기**: 원하는 관계를 맺고 있는 사람들을 찾아라. 그들과 어울리며 그들로부터 배우라.

5장
몸
세상과 오래도록 활발하게
소통하고 싶다면

○
왜 우리는 우리 몸이라는 '수단'에는 큰 기대를 품지 않으며, 왜 꾸준히
관리하지 않을까? 좋은 운동은 '뭐가 됐든 당신이 하는 운동'이다.

로리 하더Lori Harder는 과체중 가정에서 과체중 아이로 태어났다. 로
리에게는 소파에 누워 TV를 보며 군것질을 하는 것이 사회와 연결
된 주된 활동이었다. 로리의 가족은 엄격한 종교를 따르며 매우 고
립된 생활을 했기 때문에 로리는 건강에 해로운 집 바깥의 환경에
거의 노출되지 않았다. '뚱뚱한 아이'가 되며 로리는 또래에게 괴롭
힘을 당했다. 그러던 어느 날, 비디오테이프에 맞춰 운동하는 언니
를 보고 로리는 새로운 아이디어를 얻고 언니와 함께 운동을 시작
했다. 처음에는 나쁜 식습관을 바꾸지 못해 크게 변화가 없었지만,
운동을 하면서 점점 기분이 좋아지고 불안감이 완화된다는 것을 깨
달았다. 로리는 더 또렷하게 생각하고 잠도 더 잘 자게 됐다.

얼마 뒤 모처럼 새 친구의 집에 놀러갔다가 자신이 아는 것과

는 매우 다른 가족의 모습을 보았다. 친구의 가족은 TV 앞에서만 있지 않았고 정크 푸드가 주식이 아니었다. 그들은 소파와 과자와는 거리가 먼 다양한 활동을 했다. 그들에게는 다른 즐거운 일들이 많아서 음식과 단순한 오락물에 빠지지 않는다는 것을 로리는 깨달았다. 그 경험을 계기로 로리의 시야는 더욱 넓어졌다.

그러던 어느 날 우연히 운명처럼 TV에서 피트니스 대회를 보게 되었다. 로리는 그날을 이렇게 회상한다. "힘세고 아름다운 여성들이 무대에서 슈퍼히어로로 같은 동작을 했어요. 그때 제가 알던 세상은 끼익 소리를 내며 멈췄어요. 저도 그들처럼 되고 싶었고, 그들이 저에게 그런 것처럼 다른 사람들에게도 강력하고 긍정적인 감정을 불어넣고 싶었어요. 피트니스에 집중하면서 몸이 좋아졌을 뿐 아니라 기분도 좋아지기 시작했어요. 몸이 강해지는 느낌이 드니 저를 통제할 수 있게 되었고, 제 영혼에서 불꽃이 피어올라 인생의 새로운 가능성에 대해 생각하게 됐죠. 변할 수 있는 힘이 자기 안에 있다는 것을 다른 사람들에게도 보여주고 싶었기 때문에 그 후로 20년 동안 음식과 피트니스 교육에 전념했어요."

로리는 피트니스 선수와 모델로 활동하며 여러 피트니스 잡지의 표지를 장식했고, 현재는 작가, 강연가, 팟캐스터로서 다른 여성들이 더 건강하고 행복한 삶을 살 수 있도록 이끄는 데 전념하고 있다. 나의 팟캐스트에서 로리는 자신의 삶을 개선하는 것 이상의 일을 하고 싶다는 열망이 항상 불타오르고 있다고 말했다. 그녀는 대부분의 사람들이 제한된 관점으로 살아가고 있으며, 이러한 관점은 성인이 되어서도 변하지 않는다는 것을 깨달았기 때문에, 다른 사람들도 자신이 경험한 자유와 기쁨을 발견하도록 돕고 싶다고 말했다.

로리의 이야기는 단 하나의 영화 같은 계기로 삶의 원동력을 얻어 변화한 게 아니라는 점에서 벤저민 하디와 비슷하다. 불안과 불만족이라는 씨앗이 가능성이라는 기름진 토양을 만났을 뿐이다. 그녀는 차차 커지는 삶의 의욕으로 근본적인 삶의 변화를 만들었다.

그 어느 때보다 많은 기술과 지식, 편리함을 누리는 풍요로운 사회에서 우리는 그 어느 때보다 더 건강하고 행복해야만 한다. 그러나 통계에 따르면 우리는 그 어느 때보다 더 아프고 슬퍼하고 있다. 미국 질병통제예방센터에 따르면 미국 성인의 4분의 1 이상(27.2퍼센트)이 각종 만성 질환을 앓고 있으며, 이는 2001년 21.8퍼센트에서 증가한 수치이다. 우리는 왜 길을 잃었을까? 우리는 삶의 핵심 가치와 목적을 찾으려는 중대한 욕구를 잃어버렸다. 우리는 자극적인 음식과 오락으로 자신에게 끊임없이 도파민을 공급하고 있으며, 이로 인해 빠르게, 더 많이 우울해지고 있다. 미국인들은 '의료'에 가장 많은 돈을 지출한다. 앉아만 있는 생활, 건강에 해로운 음식, 목적의식 결여로 인해 발생하는 문제를 해결하려는 것이다. 현재 가장 빠르게 증가하는 질병 중 하나는 '절망의 질병'으로 불리는데, 이는 사람들이 장기적인 사회적, 경제적 전망이 암울하다고 느끼는 데서 비롯한다. 영양학적으로, 경제적으로, 그리고 기회 활용 측면에서 우리는 엄청나게 과식하지만, 실제 영양은 부족하다.

나는 모든 사람이 멋지게 보이고 그것으로 스스로 멋지게 느끼고 싶어 한다고 생각한다. (물론 외형을 가꾸는 일을 하고 싶지 않다는 사람들도 있다.) 여기서 질문을 하나 하려 한다. 당신의 삶의 만족도를 측정하는 척도는 무엇인가? 앞 장에서 나는 모든 관계의 기초에 '자신과 맺는 관계'가 있다고 했다. 자신과의 관계에서 가장 중요한 부분은 말 그대로 '기분'이 어떤지, 즉 전반적인 건강 상태이다. 두 번째는 자신의 외모에 대해 어떻게 느끼는지이다.

이를 더 자세히 설명하기 위해 두 개의 열이 있는 도표를 그려 보자. A열은 '문제/몸의 이상', B열은 '신체 기능'이다. A열에는 자신이 느끼는 아픔, 통증 등 몸의 이상 증세를 나열하라. B열에는 신체적으로 어떤 능력을 갖추고 싶은지 써보라. 많은 사람들이 직장, 집, 자동차, 인간관계에 대해서는 자신이 무엇을 원하고 원하지 않는지를 명확하게 안다. 하지만 몸과 관련해 원하는 것과 원하지 않는 것이 무엇인지 물어보면 대답을 잘 못 한다. 대부분은 그저 살을 빼고 기분이 좋아지고 싶다고 막연하게 답할 것이다. 하지만 생각해보자. 당신은 어떤 '건강 이상'에 동의하는가? 하나씩 체크해보자. 예컨대 다음과 같이 생각할 수도 있을 것이다.

'그래, 더 이상 신체적으로 활동적이지 않아도 괜찮아. 무릎과 허리가 아프긴 하지만… 괜찮아. 그리고 편두통도… 일주일에 한두 번 정도니까 괜찮아. 약간의 브레인 포그brain fog 정도는 괜찮아, 일을 계속할 수는 있으니까. 고혈압도 별거 아니야. 약을 먹으면 되니까. 월경전증후군도 심하긴 하지만 여자니까 어쩔 수 없이 견뎌야지. 계단을 올라갈 때 무릎이 아프긴 하지만 엘리베이터를 타면

되고.'

당신의 몸 중 괜찮은 곳은 어디인가? 왜 우리는 우리 몸이라는 '수단vehicle'에는 큰 기대를 품지 않으며, 왜 꾸준히 관리하지 않을까?

B열은 신체 기능이다. 문화적으로 '건강 및 피트니스 마니아'로 분류되는 사람들 외에는 이를 거의 고려하지 않는다. 당신은 신체 기능과 관련해 무엇을 원하는가? 침대에서 일어나 책상에 앉는 것 말고 다른 것은 없는가?

2022년 6월, 여든세 살의 일본인 호리에 겐이치堀江 謙一가 태평양을 홀로 항해해 최고령 세계 신기록을 세워 화제가 되었다. 이는 혈기왕성하던 스물세 살 때 자신이 달성한 성취를 60년이 흐른 지금 다시 한 번 이룬 것이었다. 대부분의 사람들은 이런 경우를 이례적이라 평가하며 그가 타고난 체력과 운이 좋았다고 말할 것이다. 인생을 마감할 때까지 신체적, 정신적 능력을 늘 똑같이 유지할 수는 없다. 우리는 영원히 살 수 없다. 대부분의 노화 현상은 시간문제가 아니라 마모에 의한 문제이다. 이런 점에서 인간의 몸과 자동차는 매우 유사하다.

몸 여기저기가 아프고 통증이 있다면 이는 국소적인 문제가 아니라 전반적인 시스템 기능 장애를 알리는 경고일 수 있다. 우리 몸은 생존을 위해 만들어졌고 그 목적을 위해 최선을 다하지만, 건강이 나빠지면 신체 구조에 따라 다양한 방식으로 징후가 나타난다. 작은 (또는 큰) 증상 이면에는 위기에 빠진 신체가 감춰져 있다.

내 몸의 타고난 강점과 약점을 알기

유전학자 프랜시스 콜린스의 말을 다시 인용하자. "유전은 총을 장전하고 환경은 방아쇠를 당긴다." 우리는 유전적 소인과 성향을 타고난다는 뜻이다. 그러나 우리가 선택한 생활 방식에 따라 문제가 나타나기도 하고 나타나지 않기도 한다.

나에게는 일곱 명의 친자식이 있다. 아들 이안은 다른 아이들보다 유난히 피부가 하얗다. 그렇기에 나중에 피부암에 걸릴 위험이 더 높다. 이안은 이러한 유전적 성향을 거스르지 않고 적절히 대처한다. 직사광선과 뜨거운 태양을 피하고, 셔츠를 입고 수영을 할 때가 많다. 모자를 쓰고 자외선 차단제도 바른다. 이안은 유전적으로 타고난 피부 성향이라는 방아쇠를 당기지 않기 위해 적극적으로 노력하고 있다. 나에게는 또한 입양한 두 아이가 있다. 이들은 순수 아메리카 원주민계이다. 당뇨병 위험이 높은 유전적 성향을 타고났다. 우리는 아이들에게 설탕과 탄수화물을 제한하고 장전된 총이 발사

130

되지 않게 하기 위해 많은 노력을 기울이고 있다. 정말 불행한 일이지만 아이들의 잘못이 아니다. 이제 능력을 최대한 발휘해 몸을 관리하는 것은 아이들의 노력에 달려 있다.

예전에 몇 년 동안 육군의 '정상급 선수 양성 프로그램World Class Athlete Program, WCAP' 소속 엘리트 선수들이 우리 집에 묵으며 고지대 훈련을 한 적이 있다. 우리 집은 해발 2800미터에 위치해 있다. 선수들은 하룻밤을 보낸 후 다음 날 32킬로미터를 달렸다. 다시 하룻밤을 보낸 후 해발 1900미터의 콜로라도스프링스로 내려가 더 많은 산소가 있는 곳에서 스피드 운동을 했다. 선수 대부분은 케냐 출신이었다. 라이프스타일에 대해 묻자 한 케냐 부부가 이런 이야기를 들려주었다. "저희는 매일 아침에 학교까지 3~4킬로미터를 달렸어요." 나는 물었다. "쉬는 시간이 있었나요? 쉬는 시간에는 뭘 했나요?" "뛰어다니면서 축구를 했어요." 부부 중 한 사람이 이렇게 덧붙였다. "학교에서 점심을 주지 않았기 때문에 점심을 먹으러 집에 달려갔다가 다시 학교로 돌아왔어요. 학교가 끝나면 다시 집으로 달려갔고요. 신발이 없어서 맨발로 달렸어요." 이것이 그들의 삶이었다. 그들의 부모의 삶이자 그 이전 부모의 삶이었다. 이런데도 케냐인이 세계에서 가장 많은 육상 메달을 획득하는 것이 놀라운 일일까? 케냐인의 신체는 오랜 세월 동안 맨발로 달리는 데 적응해 왔다. 여기에 장전된 총의 방아쇠를 당기는 지속적인 생활 방식이 더해져 그들은 총알보다 빠르게 달릴 수 있었다.

여기서 나는 유전학에 대한 학문적 탐구를 제시하려는 것이 아니며, 내가 문제를 지나치게 단순화했다는 것도 인정한다. 내가 말하려는 것은 결국 우리가 유전자를 받아들이고 그에 따라 생활 방식을 조정해야 한다는 것이다. 왜 사람들은 유전자의 희생양이 되어 불리한 조건을 받아들이는 것일까? 당신에게는 자신에게 필요한 모든 것을 알아낼 수 있는 기회와 책임이 있다. 생리적 성향을 구성하는 좋은 요소와 나쁜 요소, 강점과 약점을 파악한 다음 이를 활용해 최선의 상태를 만들어야 한다. 자신의 불리한 조건이나 운명을 한탄하는 사람은 너무나 많고, 성숙하게 행동하며 자신이 가진 조건 아래서 책임감을 품고 노력하는 사람은 적다.

가족력을 이해하는 것은 큰 이점이 있다. 많은 첨단 의학 진단과 유전자 검사를 통해 타고난 생물학적 강점과 약점을 파악해 자신을 조절할 수 있다. 프랜시스 콜린스가 말했듯이 유전적 약점에 대한 가장 큰 위협은 생활 습관을 통해 약점을 **키우는** 것임을 잊지 말자.

❗행동하기

가족의 과거에서 보이는 유전적 성향은 무엇인가? 가족의 식습관은 어땠는가? 운동과 신체 활동은 어땠는가? 어떤 질병이 흔했는가?

프로 사이클링 선수 시절 물리치료실에서 한 경험을 잊을 수 없다. 사고로 인한 다리 부상을 치료받고 있는데 한 중년 여성과 그녀의 어머니가 들어왔다. 의사가 중년 여성의 허리 문제에 대해 질문하자, 이 여성은 "엄마도 같은 증상이시고 제 자매들도 다 그래요, 집안 내력이에요"라고 말했다. 그러자 의사는 다소 직설적으로 "아니요, 제가 보기에는 환자분도 어머니와 똑같이 안 좋은 자세로 옆에 앉아 계셨어요. 똑같이 식단이 좋지 않고 활동량도 적어요"라고 말했다. 오래된 우스갯소리가 있다. 한 남성이 병원에서 "의사 선생님, 비만은 저희 집안 내력이에요"라고 말했다. 이에 의사는 답했다. "그게 문제가 아니에요, 문제는 환자분의 가족 중에 달리기를 하는 사람이 아무도 없다는 겁니다." 무정해 보일 수 있지만 건강, 웰빙, 의료 커뮤니티와 업계에서 일하는 사람으로서 이 진실은 나에게 단순한 유전자 탓 이상의 의미가 있다. 어떤 질병이 주로 유전적 문제에 기인한 것인지 아니면 생활 습관 때문에 발생한 것인지 우리는 스스로에게 질문할 수 있다. 좋은 생활 습관을 채택하라. 이것은 당신에게 힘과 희망을 줄 것이다.

러닝이 주는 즐거움에 대해 이야기하는 친구에게 나는 계속 러닝을 해 온 비결이 무엇인지 물었다. 그녀는 "부모님과 형제들이 달리기를 했었어"라고 대답했다. 아이들을 위해 어떤 환경을 만들 수 있을까 고민하던 때였는데 그녀의 말이 마음에 와 닿았다. 그래서 나는 '러닝 하는 가족'을 만들려 했고, 지금까지 우리 아이들은 모두 학교에서 크로스컨트리 육상을 했다. 러닝 자체에 큰 매력을 느낀 아이는 없었지만, 모두가 러닝이 주는 신체적, 사회적 이점을 크게 인정했고, 아이들은 달리면서 체력을 얻었다.

직장 또한 건강과 웰빙에 매우 큰 영향을 끼치는 곳이다. 내가 운영하던 개인 사업 커뮤니티의 회원 중 한 분의 이야기이다. 그는 건강에 관심이 많았는데, 몇 달 후 열리는 5킬로미터 마라톤 대회에 사전 등록하고, 1년 후 열리는 지방 마라톤 대회에 참가하려고 비행기 티켓을 구매하고 호텔까지 예약했다. 그의 동기 부여도 인상적이었지만, 그 다음에 일어난 일이 더 흥미로웠다. 그는 직장에서도 점심시간에 걷기 시작했다. 다행히도 회사 사람들로부터 비난 대신 격려를 받았고, 곧 함께 걷자는 사람도 생겨났다. 얼마 지나지 않아 그와 함께 걷는 모임이 생겼고, 나중에는 러닝으로 발전했다. 사소해 보이는 한 사람의 작은 결심이 긍정적인 건강 모임을 촉발한 사례이다.

성장 과정에서, 당신의 가족은 건강과 웰빙에 대해 어떻게 생각했는가? 컴퓨터가 보편화되기 전에는 대부분의 아이들이 매우 활동적인 어린 시절을 보냈다. 하지만 부모가 활동적이지 않으면 자녀는 보통 부모의 모습을 배우고 따른다. 쉬는 날에는 대부분의 사람들은 소파에 앉거나 누워만 있다. 여기서 **신체 활동, 움직임**이 요점이다. 우리 조상들은 삶이 곧 **운동**이었기 때문에 운동이라는 단어를 사용할 필요가 없었다. 생존을 위해서는 움직여야 했다. 존재하기 위해 움직이지 않아도 되는 시대가 된 것은 최근의 일이다. 사무직이 생기고 산업에서도 많은 부분이 자동화되어 사람이 하는 일보다 기계가 하는 일이 더 많아졌다. 우리는 심박수를 높이거나 근육에 스트레스를 줄 이유가 거의 없다. 그리고 신체적 스트레스가 없으면 근육은 위축된다. 필연적인 움직임이 없으면 인위적으로 움직임을 만들어야 하는데, 이를 운동이라고 부른다. 그렇지만 대부분의 사람들은 운동을 필요악으로 여긴다.

그렇다면 성장 과정에서 당신이 어떤 움직임과 운동을 보고 자랐는지 (없었을 수도 있지만) 살펴볼 필요가 있다. 부모님은 일하러 갔다가 집에 돌아와 저녁 식사를 위해 식탁에 앉거나 소파에 털썩 앉아 TV를 보며 저녁을 먹고 잠자리에 들었을 수도 있다. 부모님이 운동을 했을 수도 있다. 운동은 필요악이었을 수도 있다. 몸매를 유지하거나 의사의 지시에 따라 오래된 시계의 수명을 연장하기 위해 마지못해 하는 활동 말이다.

운이 좋았다면 놀이의 형태로 운동과 신체 활동을 했던 건강한 본보기가 있었을 것이다. 가족이 함께 신체 활동에 참여했거나, 어머니는 테니스를 치고 아버지는 골프를 치러 갔을 수도 있다. 여름에는 바다나 호수, 산에서 지칠 때까지 수영하고 걸었을 수도 있다. 당신은 스포츠를 했을 수 있고 부모님도 경기를 하는 당신을 보러 왔을 뿐 아니라 당신과 함께 연습을 했을 수도 있다. 당신은 이러한 신체 활동을 통해 건강하고 즐거운 관계를 형성하며 성인이 되어서도 이를 계속 이어 나갈 수 있었을 것이다. 물론 당신이 이런 본보기를 고려하고 그에 반응할 때 계속 운동할 힘이 나온다. 운동 친화적인 가족에서 자랐다면 그에 감사해하고 계속해서 건강한 생활을 유지하라. 로리 하더처럼 앉아서만 생활하는 무기력한 가정에서 자랐다면, 이를 명확히 인식하고 "그건 건강한 본보기가 아니며 내가 본받고 싶은 것이 아니다"라고 인정하고 새로운 패러다임에 전념하라. 운동과 신체 활동을 놀이로 여기고, 운동이 삶에 가져다주는 즐거움에 감사함과 기쁨을 느끼게 될 것이다.

음식은 곧 영양분이다. 어떤 사람들은 이 사실을 크게 인식하지 않는다. 아무 생각 없이 눈앞에 놓인 음식을 그냥 먹는다. 먹는다는 것은 그저 땔감이 필요한 난로에 장작을 던져 태우는 것과 같다. 이들에게는 자신이 먹는 것이 어떤 종류의 음식인지는 중요하지 않고 소금과 설탕이 많이 들어간 가공식품의 과장된 맛을 즐길 뿐이다. 어떤 사람은 건강한 식습관을 위해 이것저것 시도하는 가족에서 자랐을 수도 있다. 부모님이 인스턴트 음식을 줄이고 채소를 더 많이 먹으려 노력했을 수 있다. 혹은 다이어트를 하고 요요를 겪었을 수도 있다. 운이 좋았다면 음식은 즐거움이었을 것이다. 몸에 좋은 친환경 식품뿐 아니라 수확하고, 요리하며, 함께 음식을 먹는 즐거운 환경을 누렸을 수도 있다.

❗행동하기

당신의 가족에게 신체적 활동과 운동은 어떻게 인식되었는가? 운동은 고역이었나, 재미있고 가치 있는 일이었는가? 혹은 전혀 고려되지 않았는가?

이것은 당신에게 어떤 영향을 끼쳤나? 현재 운동을 하고 있더라도 운동에 대한 당신의 진심은 무엇인가? 운동은 필요악인가, 아니면 즐거운 취미인가? 음식과 영양에 관한 생각은 어땠는가? 집에서 식단과 영양에 대해 논의한 적이 있는가? 음식에 대한 학대나 통제가 있었는가? 수치심을 느낀 적이 있었는가? 건강한 식습관에 대해 어떻게 생각하는가?

박탈감과 불안: 건강 관리의 적

자기계발, 건강 관리 책을 많이 읽는다면 절제력과 의지력이 꾸준히 운동하고 좋은 영양소를 섭취하는 데 도움이 된다고 생각할 것이다. 하지만 이는 착각일 수 있다. 가장 크게 도움이 되는 것은 바로 당신의 태도와 주변 환경이다. 장기적으로 많이 운동하고 건강한 식사를 하는 사람들은 자기 자신을 좋게 평가하고, 같은 생각을 하는 사람들이 주변에 많다. 주변 사람들의 응원과 지지가 있다면 절제력과 의지력은 거의 필요하지 않다.

친구인 랜디 제임스 박사의 진료실에는 인생을 바꾸기 위해 그의 처방을 받으려는 환자들이 많이 찾아온다. 그들은 기꺼이 일찍 자고, 일찍 일어나고, 운동하고, 건강한 식사를 준비하고, 명상하려 한다. 하지만 문제가 있다. 우리는 알아서 잘할 수 없다. 우리에게는 머릿속에 입력된 과거의 프로그램이 있어서 현재의 자기 자신과 싸워야 한다.

앞서 유전과 환경에 대해 살펴본 것처럼, 우리 대부분은 건강과 웰빙에 대한 특정한 인식을 품고 성인이 되며, 각자가 지닌 긍정적이거나 부정적인 관점이 우리의 성공과 실패를 가른다. 미국에서는 '건강한 식습관'이란 한마디로 기존에 즐겨 왔던 식습관의 '박탈'로 여겨진다. 건강한 식습관에 대한 문화적 태도는 주로 '먹지 않아야 할 것'에 초점을 맞추고 있다.

우리 가족은 작은 산골 마을의 교회에 다녔다. 거기서 만난 한 여성이 있다. 그녀는 건강이 매우 좋지 않았다. 그녀 부부는 건강에 좋지 않은 생활 습관 탓에 내내 건강이 엉망이었다. 그녀는 마트를 걷는 것도 힘들어했다.

산소통을 메고 마트에서 몸에 좋지 않은 가공식품을 고르던 그녀에게 한 친구가 제임스 박사를 만나보라고 권했다. 그녀는 (나중에 내가 들은 바에 의하면) "제임스 박사에게 가보라고? 싫어. 선반에 쌓아놓은 식료품을 모두 버리고 건강에 좋은 것만 먹으라고 강요할 텐데"라고 대답했다.

건강한 식습관이 혀의 즐거움을 빼앗는다는 생각을 하면 우리가 영양가 있는, 우리에게 활력을 주는 음식을 꾸준히 먹을 가능성은 사라진다. 그런 생각에 공감했었다고 해도 이제는 걱정하고 자책할 필요가 없다. 이제 당신은 무엇을 해야 할지 알고 있으니까. 영양의 개념을 이야기하려면 그 자체로도 한 권 이상의 책이 필요하므로 여기서는 본격적으로 다루지 않겠다. 대신에 30분 정도만 투자하면 재미있게 읽을 수 있는 마이클 폴란의 책 『푸드 룰』을 강력 추천한다. 주의를 기울이면 "차창을 통해 들어온 음식은 음식이 아니다"처럼 실용적인 조언을 통해 그간 지녔던 식생활에 대한 관점을 완전히 바꿀 수 있다.

"우리는 식욕의 피조물이며, 앞으로도 그럴 것이다." 내가 만들어낸, 당신에게 줄 수 있는 성공적인 식습관에 대한 조언이다. 식욕을 억누르는 것이 목표라면 실패할 것이다. 즐겁고 지속 가능한 삶을 원한다면 식욕을 **충족시켜야** 한다. 핵심은 식욕을 만족시키되 몇 가지 지연 전술을 사용하는 것이다.

"건강한 식습관의 핵심은 식욕을 빼앗는 것이 아니라 지연하는 것이다"라는 글을 어디선가 읽은 적이 있다. 좋은 말이다. 나는 음식을 음미하는 것을 좋아한다. 신나게 다 같이 식사하는 것을 좋아한다. 성찬도 좋아한다. 이런 즐거움을 빼앗기기에는 인생이 너무 짧다. 하지만 전체적인 건강과 궁극적인 기쁨을 위해 나는 좋아하는 것들을 늦출 것이다. 그리고 참았다가 먹는 것이 훨씬 더 달콤하지 않은가. 과자 한 봉지를 들고 영화 보는 것을 좋아하는가? 좋다! 일주일에 한 번 즐기라. 필요하다면 두 번도 좋다. 매일 밤이라면 곤란하다. 나처럼 초콜릿을 좋아하는가? 좋다. 나는 대부분의 점심과 저녁에 설탕 덩어리인 초콜릿 한 봉지(네 봉지를 먹는 사람도 있다!) 대신에, 당뇨를 유발하는 가공식품보다 훨씬 더 좋아하게 된 다크 초콜릿 아몬드 한 줌으로 식사를 대신한다.

나쁜 습관과 식습관을 찾아서 더 건강한 형태로 바꿔라. 집에서 진짜 집 밥을 만들어보라. 또는 데우고 익히기만 하면 되는 밀 키트 등도 좋다. 하지만 그런 것도 싫고 좋아하는 과자나 빵 대신 말린 채소를 먹어야 한다는 것도 싫다면 그렇게 하지 마라. 하지만 그 빈도를 줄여라. 말린 채소를 대체 식품으로 먹더라도 그 빈도를 줄여라. 많은 '대체 식품'은 문화적으로 표준적인 음식보다 더 건강할 수 있지만 실제로는 기껏해야 덜 나쁜 음식일 뿐이다.

나 또한 건강하지 않은 모든 식습관을 더 건강한 선택으로 바꿨다. 하지만 파이나 치즈 케이크를 먹을 때 먹는 양을 대폭 줄이지는 않았다. 대신에 평소에는 미루다가 한번 먹을 때는 제대로 먹는다. 이런 식으로 새로운 습관을 지속할 수 있는 자신만의 비법을 찾자. 기존의 습관을 중단하는 방법은 좋은 습관을 들이는 데 더 방해가 된다.

박탈감이 건강한 식습관을 방해하는 요소인 것처럼, 불안은 지속적인 운동과 신체 활동을 방해하는 요소이다. 만약에 모든 사람에게 '나는 달리기를 싫어한다'고 말하면서 매일 달리기를 하겠다는 새해 결심을 세웠다면, 30일도 채 안 되어 그 목표를 달성할 수 없을 것이다. 이 주제에 관해 내가 들어본 최고의 조언은 랜디 제임스 박사의 말이다. 그는 환자들이 가장 좋은 운동이 무엇이냐고 물으면 "뭐가 됐든 당신이 하는 운동"이라고 대답한다. 건강한 사람은 자기 관리를 잘하고 의지로 가득 차 있다는 믿음을 지워라. 사람들은 내가 매일 산길에서 뛰고 산악자전거를 탄다고 하면 나를 무척 의지 가득한 사람으로 본다. 하지만 사실과 전혀 다르다. 나는 자기 관리를 잘하는 게 아니라 그냥 노는 거다! 숲으로 나가 산길을 이리저리 다니는 것은 내겐 휴식이다. 친구들 중에는 축구, 테니스, 얼티밋 프리스비, 스키, 수영, 줌바 등을 하며 나와 똑같이 느끼는 이들이 있다.

운동, 신체 활동과 관련해 우리 문화에는 또 다른 이상한 점이 있다. 우리는 집안일을 다른 사람에게 맡기고 헬스장에 가서 인위적으로 운동을 하는 지경에 이르렀다. 세차장에 세차를 맡기는 대신 직접 세차를 해서 몸을 움직여보라. 요가 수업에 등록하는 대신 정원을 가꾸라. 방이나 집을 직접 페인트칠하라. 운동은 인간이 과거 생존을 위해 해 왔으나 더는 필요하지 않게 된 정상적인 움직임을 인위적으로 대체하는 것임을 기억하자.

♟ 행동하기

건강한 식습관을 떠올리면 어떤 생각이 드는가? 어떤 감정이 떠오르는가? '박탈감'은 반드시 넘어야 하는 문턱이다. 운동도 마찬가지이다. 운동이 고되고 지루한 것이라 생각하면 오래 이어 갈 수 없다. 어떤 운동을 즐기는가? 어떤 신체적 놀이에 참여할 수 있는가? 가장 좋은 운동은 뭐든 꾸준히 하는 운동이라는 제임스 박사의 조언을 기억하자.

건강과 웰빙을 추구하는 데 두 번째이자 가장 위험한 장애물은 바로 주변 사람들과 환경이다. 많은 사람들이 좋은 의도와 깨달음이 있어도 가족, 친구 또는 동료의 압박과 환경에 굴복한다. 우리는 소속감을 필요로 하고 집단에서 배척되고 싶지 않기 때문이다.

소속감이 바로 댄 뷰트너의 유명한 저서 『블루존』 이면에 있는 영감이다. 세계에서 가장 건강하고 행복한 사람들은 건강과 웰빙을 실천하는 것이 규범인 지역사회에 살고 있기 때문에 의지를 펼치기 위해 따로 노력할 필요가 없다. 모든 사람이 하루의 일과로 걷고 움직이며 자연 그대로의 음식을 먹는다. 같은 생각을 하는 사람들로 구성된 문화에 몰입할 수 있다는 점에서 크로스핏 같은 커뮤니티가 큰 성공을 거둔 것이다. 미국의 '익명의 알코올 중독자 모임Alcoholics Anonymous, AA'은 참가자들이 서로 지지하고 책임감을 전하는 '블루존'이 되면서 알코올 중독자들의 삶을 가장 성공적으로 변화시키는 단체로 꼽힌다.

건강한 식습관과 운동을 실천하기로 결심하지만 자신이 속한 집단의 문화적 규범에서 벗어나는 것은 불편한 일이다. 가족이 저녁 식사로 패스트푸드를 먹고 있는데 자신만 닭가슴살과 브로콜리를 먹으려고 할 때 그렇다. 특히 가족이나 친구로부터 한 소리 듣는다면 더욱 그렇다. 직장에서도 마찬가지이다. 사무실에서 돌리는 도넛이나 피자, 생일 축하 케이크를 거절하는 유일한 사람이 되려는 사람은 아무도 없다. 나는 블루존에 살고 있다. 나는 건강식을 점심으로 먹는 사람들과 사무실을 같이 쓰고 있다. 한 사람이 단식 중이면 다른 사람들도 동참할 가능성이 높다. 우리 가족과 가까운 친구들도 그런 이들이다. 그래서 내 아이들은 집에서 먹는 것 외에는 다른 음식을 잘 모르고 자랐다. 아이들 대부분이 패스트푸드나 가공식품을 먹어본 적이 없어서 "아빠, 팝 타르트(미국의 국민 과자)가 뭐예요?"라고 물어보기도 했다. 나는 대체로 아이들을 홈스쿨링으로 가르쳤지만, 학교에 가는 아이들은 치킨 너겟과 피자로 구성된 학교 급식 때문에 좀 고생했다. 아이들은 급식을 먹지 않았지만 '건강한 음식'으로 구성된 점심 도시락을 꺼내 또래에게 시선을 받고 싶어 하지도 않았다. 그래서 아이들은 그냥 점심을 먹지 않았다. 아이들은 아침을 먹은 후로는 아무것도 먹지 않고 집에 돌아와서야 제대로 된 음식을 먹었다. 많은 이들이 이러한 사회적 압박을 받을 것이다.

벤저민 하디의 저서 『최고의 변화는 어디서 시작되는가』를 다시 인용하자면, 그는 우리의 의지력은 유한하여 궁극적으로 우리를 실패하게 만들기 때문에, 성공의 열쇠는 성공을 위한 환경을 조성하는데 있다고 주장한다. 좋은 식습관을 가지려면 과자, 아이스크림 등의 유혹에 넘어가지 않는 것이 중요하다. 유혹이 없으면 유혹을 견디기 쉽다. 하지만 가족이나 직장 사람들이 이런 음식을 사 먹는다면 힘거운 싸움이 될 것이다.

좋은 습관을 들이는 데 이런 것들이 장애물이다. 여기에 어떻게 대처할지는 당신의 숙제이다. 건강한 식습관과 운동에 대한 긍정적인 마음가짐을 다잡을 수 있는 방법을 찾아야 한다. 주변 사람들과 환경의 도전에 어떻게 대처할지 알아내야 한다. 여기서 후자에 대한 조언을 하자면, 현재의 가족, 친구, 동료를 떠날 수는 없으니, 자신만의 블루존을 만들어 같은 생각을 하는 사람들과 함께 시간을 보내는 것이 당신에게 크게 도움이 될 것이다. 이런 모임에서는 문화적으로 표준이 아닌 방식이 표준이 되고 격려될 수 있다. 한 사람이라도 내 편이 있다는 것은 대단한 일이다.

당신은 어떻게 보이고 느끼고 싶은가

이제 당신 자신을 위해, 세상에 내가 어떻게 보이고 싶은지, 나 자신
에 대해 어떤 감정을 느끼고 싶은지 결정하도록 하자. 이는 매우 역
설적인데, 나의 외형과 나 자신에 대한 느낌을 타인과의 관계에서
분리해 생각하기 어렵기 때문이다. 결국 우리가 몸을 씻고, 양치질
을 하고, 머리를 빗고, 면도를 하고, 화장을 하고, 옷을 입고, 체중을
관리하는 주된 이유는 다른 사람들 때문이다. 당신이 생각하는 데
도움이 되도록 다음 예시를 제안해보겠다.

내일 당신은 다른 도시에서 일어날 것이다. 다른 나라에 있을 수도 있
다. 당신에게는 집과 돈이 있다. 원한다면 자신이 바라던 의미 있는 일
을 할 수도 있다. 사람들에게 내가 원하는 새로운 모습을 보일 수도 있
다. 이때 당신은 어떤 사람이 되고 싶은가? 거울을 볼 때, 그리고 그 모
습으로 세상으로 걸어 나갈 때 어떤 점이 자랑스러울까? 당신은 아는
사람이 없다. 과거의 기록도 없다. 젊어진 짐도 물론 없다. 당신은 자유
이다. 이럴 때 당신은 어떤 모습으로 세상에 나타나고 싶은가?

사람들은 겉모습으로 타인을 판단하곤 한다. 하지만 여기서는

그런 걱정은 접어두자. 꿈에 그리던 직업을 가질 수 있다고 가정해보자. 나를 너무나도 사랑하는 사람이 있다고 가정해보자. 지위, 돈, 사랑 등 어떤 것이든 얻을 수 있다. 그렇다면 어떤 모습으로 사람들 앞에 서고 싶은가? 그런 것이 중요하지 않다면 면도도 하지 않고, 씻지도 않고, 단정하지 않은 모습으로 나타나겠는가? 그래도 정말 괜찮은가?

냉엄한 현실은 우리가 타인을 판단하는 것처럼, 우리도 우리의 외모와 느낌으로 사람들에게서 특정한 판단을 받고 있다는 점이다. 나는 내 외모와 느낌이 어떠한지, 그리고 그것이 현실 세계에서 나에게 어떤 혜택이나 불이익을 주는지 잘 알고 있다. 나는 그것과 분리돼서 살 수 없다. 하지만 나는 자신의 행복을 위해 할 수 있는 만큼 나를 가꾸려 노력한다. 나는 나를 위한 내가 되고 싶다. 나를 위해 자랑스러운 모습이 되고 싶다. 내가 바라는 아바타로 세상에 나타나고 싶다.

몇 년간 부동산 업계에서 일한 적이 있다. 그때 나는 광고판과 명함에 등장하는 부동산 중개업자들의 사진이 대개 10년, 20년 전에 찍은 사진이라는 점이 항상 마음에 안 들었었다. 우선 그런 사진은 실제로는 업력이 그렇게 오래되지 않았는데도 자신을 과대 포장해 상대방에게 실망감을 안겨줄 수 있다. 도덕적으로 문제가 있을 수 있다는 것이다. 하지만 두 번째로 여기서 다루는 주제와 관련해, 과거에 매력적으로 보였던 사진을 계속해서 세상에 내놓는다면 그 이미지에 진정으로 걸맞게 살아야 한다. 그렇게 하지 않는다면 자아상과 일치하지 않는 인지적 부조화가 발생한다.

자기 자신에 대해 어떻게 느끼고 싶은지를 고민하는 것도 잊지 말자. 앞에서 몸의 이상과 신체 기능에 대해 설명했다. 당신은 자신이 어떤 신체적 기능을 갖추기를 바라는가? 몸의 이상이 있어도 괜찮은가? 현재 자신의 신체 능력이 미래의 능력을 좌우한다. 호리에 겐이치처럼 요트를 타고 태평양을 횡단하는 여든셋 노인이 되고 싶다면, 그가 스물세 살의 더 젊은 나이에 도전을 시작했고 실패한 뒤에도 결코 좌절하지 않았다는 사실을 기억하라. 여든세 살에도 가족, 친구들과 신체적, 인지적으로 왕성하게 소통하고 활동하는 사람이 되고 싶다면 지금 그 능력을 키워야 한다. 신체적 능력은 저항을 통해서만 유지된다. 저항이 없으면 신체는 위축된다. 신체 저항을 줄이고 활동량을 줄이는 하루하루가 수십 년이 되면 한 발 한 발 힘겹게 움직이는 몸이 된다.

사람들이 자신의 직업과 비즈니스를 돈과 미래에 대한 보장의 관점에서만 바라볼 때 이런 현상이 나타나는데, 이는 결핍 의식을 떠올리게 한다. 시키는 일만 하고 새로운 시도를 하지 않으면 더 빠르고, 더 임금이 낮고, 더 잘하는 누군가(또는 인공지능 같은 존재)에게 뒤처지게 된다. 최고의 자리를 유지하려면 적극적으로 저항하고 강화해야 한다.

우리 문화에서는 수명은 얘기해도 생명력과 신체 기능을 얼마나 건강하게 오래 유지할 수 있는지에 대한 **건강 수명**health span은 거의 언급하지 않는다. 동물과 달리 우리 인간은 생명이 끝나기 훨씬 전부터 건강, 웰빙, 신체 능력의 상실을 받아들인다. 랜디 제임스 박사는 나의 집이 있는 산을 가로지르는 엘크 무리를 관찰하곤 했다. 그는 보행 보조기와 산소통을 메고 절뚝거리며 무리를 뒤쫓는 엘크는 없다고 말했다. 동물은 급성 질병에 걸리거나 부상을 입거나 자연적인 원인 또는 포식자에 의해 죽기 직전까지 강인한 생명력을 유지한다. 그러나 인간은 신체 능력이 약해지도록 자신을 방치한다.

행동하기

내가 사람들을 외형으로 판단하는 것처럼 사람들도 나를 외형으로 판단한다. 관계에서 외형이라는 요소를 분리하기 어려운 현실에서 당신은 나 자신을 위해 어떤 모습을 원하는가? 원하는 자아상은 무엇인가? 당신이 선택한 아바타는 무엇인가? 그리고 어떤 느낌을 원하는가? 자신을 위해 어떤 신체적 능력을 원하는가? 어떤 몸 상태와 신체적 기능을 원하는가?

관리는 나 자신을 위해 하는 것

이것은 우리 자신의 이기심에 대한 질문이다. 내 경험상 우리는 이기심 때문에 어떤 일을 시작한다. 그러나 자신을 위한 이기심과 타인을 위한 이기심에는 차이가 있다. 즉, 내가 배우자에게 매력적으로 보이려 운동을 한다면 그건 배우자를 위한 것일까, 나를 위한 것일까? 내가 더 건강한 몸과 더 나은 몸매를 위해 노력해서 누군가 나에게 매력을 느낀다면, 그 노력의 혜택은 모두 내 몫이다. 내가 하는 노력은 나 자신을 위한 것이다. 노력에 대한 혜택을 내가 보는 것이다. 심리적으로 이는 성공적인 건강과 웰빙을 위한 기본이다. 인간관계의 측면에서도 매력의 핵심 요소를 포기할 이유는 하나도 없다. 누구나 상대방의 외형이 멋지고, 스스로 기분 좋게 느끼며, 돈을 벌고, 인생을 즐길 때 그 사람을 좋게 평가한다. 그러나 한 가지 이야기하자면, 주인 의식 없이 다른 사람이나 특정 목표에 자신의 건강과 웰빙을 의존하면 안 된다. 프로 운동선수들이 신체 능력의 정점에 도달한 후 은퇴하고 건강이 나빠지는 일이 매우 흔한 것도 같은 이유에서다. .

사람들은 보통 무언가를 '해야 한다 should'고 말한다. '해야 한다'는 말에는 진정한 동기와 주인 의식이 완전히 결여되어 있다. '해야 한다'는 말은 우리에게 지속적인 동기를 주지 못한다. 이 말은 "방을 청소해야 해"라고 말하던 어린 시절, 즉 개인적인 욕구도 없었고 단지 부모님의 말을 따르던 시절에나 쓴 말이어야 한다. 삶의 원동력의 핵심은 다른 누구에 의해서가 아니라 스스로 주인 의식을 품는 것이다.

몸을 멋지고 아름답게 만들려는 주된 동기가 다른 사람들에게 좋게 보이기 위한 것이라면, 이 노력은 지속되지 않을 것이다. 한동안은 목표를 달성할 수 있을지 몰라도 언젠가는 끝이 난다. 지속적으로 멋지고 아름다운 몸을 유지하는 사람들은 주로 스스로 자신의 기분과 외모에 동기를 부여받는다. 비만이었던 로리 하더가 처음 운동을 시작하고 꾸준히 이어 가게 된 데는 운동을 해서 기분이 좋아지고, 잠을 더 잘 자며, 불안감이 줄어드는 경험이 있었다. 이는 로리 하더가 스스로 주인 의식을 지니게 된 동기였다. 살을 빼고 이성에게 매력적으로 보이기 위해서가 아니었다. 그런 결과가 따르긴 했지만 그것이 동기는 아니었다.

다시 한번 강조하지만, 좋은 외형에 대한 동기에는 반드시 <u>나의 기분이 좋아지는 것</u>이 포함되어야 한다. 건강과 생체 지표가 크게 향상되어 정신력이 좋아지고 삶에 활력이 더해졌지만, 원하는 만큼 체중을 감량하지 못했거나 수치가 나오지 않아 포기하는 사람들이 있다. 안타까운 일이다. 외모는 훌륭한 부차적 결과가 될 수는 있지만 핵심 동기가 되어서는 안 된다.

다시 자동차에 비유하자면, 자동차의 엔진오일을 제때 교환하려는 사람들은 차를 언제나 최상의 상태로 유지하고 싶다는 동기를 품고 있다. 하지만 오일을 교환한다고 해서 그 순간에 바로 자동차가 더 잘 달리는 것은 아니다. 그 효과는 오히려 10년 후에 나타난다. 우리 몸도 마찬가지이다. 좋은 음식을 먹고, 운동을 하고, 비타민이나 보충제를 복용한다고 해서 그 순간 바로, 다음 날 바로 기분이 좋아지는 것은 아니다. 하지만 이런 노력은 내년에, 10년 후에 기분이 나아지는 데 도움이 된다. 이렇게 삶의 원동력은 지속될 수 있다.

🔋 행동하기

사람들에게 어떻게 보이고 싶은지 생각할 때 그 동기는 무엇인가? 진정으로 스스로 원해서가 아닌, 타인을 위해 '그래야 한다'는 생각 때문인지 자신을 점검해보라. 당신은 자신에 대해 어떤 기분을 느끼고 싶고, 그 이유는 무엇인가? 미래의 자신에 대한 생각과 욕구가 있는가?

다른 나를 원한다면 다른 나를 상상하자

우리는 우리가 기대하는 대로 된다. 간결하고 함축적인 말이지만 정말 그렇다. 정말 다른 모습과 기분을 원한다면 자신의 모습을 진정으로 그렇게 그려볼 수 있는가? 우리는 진실이라고 믿는 것에 따라 자신을 인식한다. 자신에게 기대하는 모습을 그릴 수 있으려면 믿음이 필요하다. 건강과 웰빙, 그리고 외모와 기분은 장기적인 라이프스타일의 변화에 따르는 일이기 때문에, 미래의 자신의 변화를 마음속에 그리려면 변화를 위해 노력하는 자신의 모습을 마음속에 그려야 한다. 나는 신체적으로 큰 변화를 이룬 사람들을 존경한다. 50킬로그램의 지방을 감량하거나 10킬로그램의 근육을 늘린다는 것은 정말 놀라운 일이다. 외형의 변화 이상으로 정신적인 강인함을 증명하는 일이기 때문이다. 이런 사람들은 개인적인 변화를 계속해서 이어 가며 다른 사람들 또한 목표를 달성하도록 자극제 역할을 한다.

2022년 팟캐스트에 배우 조시 펙을 초대한 적이 있다. 조시는 시트콤 「드레이크와 조시」를 통해 유명한 아역 배우가 되었다. 처음에는 심각한 비만이었지만, 드라마가 방영되는 동안 45킬로그램 이상을 감량했다. 대화에서 그는 신체적으로 크게 변화했지만 마음속에서는 여전히 자신을 음식에 중독된 아이로 생각하며 혐오했다고 말했다. 몸의 변화는 그가 기대했던 만큼의 기쁨을 주지 못했다. 그러다 예전의 자신에게 연민을 느끼고서야 신체적 성취에서 기쁨을 느꼈다고 한다. 자신을 보듬어주라. 예전의 당신은 자신이 모른다는 것을 몰랐다. 당시에는 자신이 이해한 대로 삶을 대했다. 이제 당신에게는 새로운 정보, 새로운 동기, 자신에게 유익하도록 상황을 바꾸려는 삶의 원동력이 생겼다.

❗행동하기

거울을 보라. 더 날씬해진 자신의 모습이 보이는가? 몸이 더 탄탄해졌는가? 근육이 더 발달했는가? 몸의 통증이 사라졌는가? 활기차고 에너지가 넘쳐 보이는가?

운동하는 사람들 곁에서 덩달아 운동하자

동기 부여 강연가이자 작가인 짐 론은 "당신은 당신이 가장 많은 시간을 함께 보내는 다섯 사람의 평균이다"라는 명언으로 유명하다. 건강, 웰빙과 관련해서도 매우 적절한 말이다. 사람들은 종종 '자신과 같은 사람', 즉 어울리는 무리 중 한 사람이 긍정적인 움직임을 보이면 자신의 단점이 드러날 수 있다는 위협을 느낀다. 이럴 때 대개 두 가지 일이 일어난다. 변화를 감당하지 못하는 이들 때문에 관계에 균열이 생기거나, 당신에게 영감을 받은 이들이 서로 지지하며 긍정적인 변화를 만들어 가는 경우다. 어떤 쪽인지는 당신의 태도에 달려 있다. 대부분의 성공은 우쭐대거나 낮은 자존감을 느끼지 않고 새로운 삶의 원동력과 방향을 추구하는 데서 비롯된다. 사람들은 당신이 외형 때문이 아니라 기분이 좋아지고 싶어서, 건강해지고 싶고 활기를 찾고 싶어서 운동을 한다고 말할 때 변화를 훨씬 더 잘 받아들인다.

하지만 같은 여정에 서려는 동료, 친구들을 찾아보길 적극 권한다. 단순히 운동 방법을 알려주기보다는 같이 운동하는 사람들이 유대감을 자극하는 운동 형태가 인기를 얻는 이유이다. 헬스클럽들이 스핀, 줌바, 요가 수업과 같은 그룹 활동을 많이 운영하는 이유도 마찬가지이다. 모임 내의 격려와 책임감은 활동 자체보다 더 유익할 수 있다.

달리고 싶다면 러닝 크루에 가입하라. 사이클링을 원한다면 사이클링 모임을 찾아보라. 체중 감량을 원한다면 지역 모임을 찾아보라. 나는 직접 대면을 좋아하지만, 필요하다면 온라인에서 도움을 받을 수도 있다. 개인 트레이너, 영양사를 활용하는 것도 좋은 방법이다. 한 게스트는 트레이너가 일주일에 3일 집에 방문했는데, 노크 소리에 잠에서 깨어 잠옷 차림으로 문을 열어준 적도 있다고 했다. 식단과 운동을 바꿀 때 생활의 모든 세부 사항을 관리하지 않고 변화를 시도하는 것은 때때로 어려울 수 있으므로, 도움을 받아 대응할 수 있다면 큰 힘이 될 수 있다.

요약

O **몸이 보이고 느끼는 방식:** 자신의 신체적 자아에 대한 인식은 자
신감과 평화로운 마음, 그리고 기회와 많은 관련이 있다. 신체적
느낌은 웰빙의 모든 측면에 영향을 끼친다. 한 팟캐스트 게스트
는 이를 **"나 자신이 되는 것"**이라고 표현했다.

O **유전과 환경의 영향:** 당신이 물려받은 것들은 당신의 건강, 외모
와 기분에 몇 가지 출발점을 준다. 유전적인 장점과 단점을 인식
하면 그에 맞게 자신의 신체 기능과 능력을 최대한 조정하고 발
휘할 수 있다. 또한 성장 과정과 환경은 건강, 외모와 기분에 대
해 당신이 생각하는 방식에 큰 영향을 끼친다. 당신이 그간 신체
적 이미지와 웰빙을 어떻게 인식했는지를 고려한 다음, 자신을
위해 앞으로 어떻게 인식하고 **싶은지** 생각해보자.

O **피해야 할 장애물:** 식욕을 조절할 때, 박탈감을 느끼는 것에서 욕
구를 지연하는 쪽으로 전환하는 것이 훨씬 더 도움이 된다. 그리
고 문화적 압력과 기대치가 건강과 웰빙을 개선하려는 욕구에
가장 큰 마찰을 일으킬 수 있다. 현재 환경의 상태를 평가하고 부
정적인 압력을 극복할 수 있도록 조정하자.

○ **진정으로 원하는 것:** 당신은 자신의 신체에 대해 어떤 점을 기꺼이 받아들이고 있고 어떤 성과를 위해 노력하고 있는가? 우리는 대개 외형을 다른 사람들의 관심을 끄는 방식으로만 이해한다. 하지만 진정한 힘은 주인 의식을 품고 자기 자신을 바라보는 데서 나온다.

○ **동기를 부여하는 것:** 외모는 우리 삶의 다른 어떤 영역보다 더 많은 '해야 하는 것'과 타인의 기대에 영향을 받는다. 자신의 외모와 느낌, 그리고 전반적인 건강을 추구하는 동기의 근원에 대해 알아보라. 자신의 동기를 파악하고 이에 동의하는지 확인하라.

○ **자신의 모습을 그려보라:** 새로운 외형, 좋은 기분을 느끼는 나 자신을 상상하려면 매우 큰 믿음이 필요하다. 거울에 비친 현재 자신의 모습과 다른 모습을 마음속에 그려야 하고, 현재 내면에 있는 기분과 다른 기분을 느끼기 위해 노력해야 하기 때문이다. 하지만 당신은 자신이 상상하는 사람이 될 수 있다. 우리에게는 변화를 만들 수 있는 힘이 있다.

6장
마음
마음도 훈련할 수 있다

○
자신에게 잠재력이 있다는 것을 깨닫는 것만으로는 잠재력을 실현할 수 없다. 잠재력은 전등 스위치가 아니라 마라톤이다.

화학 물질이나 방사능에 노출되어 초인적인 힘을 갖게 된 캐릭터에 빠지는 것만큼이나 우리는 아직 개발되지 않은 정신적 힘에 큰 호기심을 느낀다. 1996년에 개봉한 영화 「페노메논」은 이런 호기심을 다룬 판타지 영화다. 이 영화에서 존 트라볼타가 연기한 조지 말리는 기계공이자 의자 제작자로 일하는 평범한 남자다. 생일 축하 파티를 마친 어느 날 밤, 그는 하늘에서 밝은 빛이 점점 커지는 것을 보다 그 빛을 맞고 쓰러진다. 그 후 몇 주 동안 그는 특출나게 높은 지능 지수를 보이기 시작하고 염력까지 발휘하게 된다. 그러던 어느 날 그는 자신이 뇌종양이라는 사실을 알게 되고, 종양이 독특한 위치에서 자라면서 마음의 진정한 잠재력이 깨어난다.

2011년에 개봉한 브래들리 쿠퍼 주연의 영화 「리미트리스」는 어떠한가. 이 영화에서 주인공은 머리를 좋게 하는 누트로픽이라는 약을 복용해 완벽한 기억력과 함께 세부 사항을 빠르고 완벽하고 정확하게 분석할 수 있는 놀라운 지능을 갖게 된다. 무능력한 작가로 변변치 못한 하루하루를 보내던 그는 1년 만에 엄청난 부를 축적하고 미국 상원의원 선거에 출마하게 된다.

두 영화 모두 우리 정신의 잠재력을 이야기한다. 잠재력은 무한하지 않지만, 우리는 현재 우리가 사용하는 것보다 훨씬 더 큰 능력을 가지고 있다. 다행히도 우리는 뇌종양이나 머리를 좋아지게 하는 특별한 약 없이도 이 능력을 크게 키울 수 있다. 가장 중요한 촉매제는 바로 우리 자신에 대한 **믿음**이다. 그러나 믿음만 있다고 해서 우리의 능력이 무한해지는 것은 아니다. 날개를 펄럭이며 날 수 있다는 비현실적인 꿈은 아무리 믿어도 실패하게 마련이다. 그러나 대부분의 사람들은 현실적으로 전력 질주하고 점프할 수 있는데도 바닥에 그대로 앉아 있다.

2장에서 소개한 빅터 세레브리아코프의 이야기를 다시 한번 살펴보자. 빅터가 겪은 삶의 변화는 갑자기 어떤 기술이나 능력을 습득한 데서 비롯된 것이 아니다. 그는 평생을 누구보다 높은 IQ를 가지고 살아왔지만, 자신이 들은 것만 믿었다. 그는 자신의 믿음을 바꾸는 정보를 접하자 새로운 '현실'에 동의하고 그대로 실천하기 시작했다. 마찬가지로 우리도 능력에는 정량화할 수 있는 한계가 거의 없기 때문에, 자신이 더 높은 능력을 발휘할 수 있다는 사실을 완전히, 그리고 기꺼이 받아들여야 한다. 우리의 능력은 자신에 대한 인식과 믿음에 따라 유동적으로 최소로, 혹은 최대로 발휘될 수 있다. 빅터는 예전에 받았던 평가보다 자신이 더 능력이 있다는 새로운 증거를 받아들였고, 그 결과 내면에 잠재되어 있던 능력을 즉시 활용하게 되었다. 자신을 다르게 보게 되면서 그는 다르게 행동하기 시작했다. 그는 나아진 관점으로 자신에게 더 많은 것을 기대하기 시작했고, 그에 따른 행동의 혜택을 즉시 누리기 시작했다.

"그래도 최선을 다했잖아"라고 누군가 내게 위로를 건넬 때면 나는 항상 마음이 불편해진다. 아마도 최고의 성적을 내기 위해 얼마나 많은 노력이 필요한지 알고, 순간순간 더 나은 결정을 내리고 조금 더 많은 노력을 할 수 있었다는 것을 알기 때문에 짜증이 나는 것 같다. 나는 '최선을 다했다'는 말로 상황을 포장하지 않고, 다음에는 고쳐서 더 나아질 수 있다는 것을 인정하는 것만으로도 더 큰 동기를 얻는다. 당신은 큰 목표를 향해 용감하게 노력했을 수도 있지만, 최선을 다했다는 말은 개선할 기회를 줄이고 책임을 축소한다.

지금 당신은 자신의 잠재력과 역량에 비해 최선을 다하지 않고 있다. 역량을 제대로 발휘하지 않고 있다. 이 사실을 받아들이면 영화 속 화학 물질, 방사선 또는 슈퍼 약물과 달리 부작용이 전혀 없이 곧바로 사용할 수 있는 많은 현실적 기회를 얻을 수 있다. 하지만 자기계발계에서 일반적으로 놓치는 주의점이 있다. 자신의 잠재력과 능력에 대한 믿음을 바꾸면 잠재력과 능력은 조금 더 커진다. 대부분의 성장은 이러한 믿음을 품고 **행동**할 때 일어난다. 믿음은 단지 출발점일 뿐이다. 마라톤을 완주할 수 있다고 믿는다고 해서 결승선에 이르는 것은 아니다. 믿음은 당신이 문밖으로 나와 훈련을 시작하도록 동기를 부여할 뿐이다.

대부분의 사람은 자신의 능력을 이미 입증된 한계 안에서만 믿을 뿐이다. 그 능력은 우리의 최선을 반영한 것일까? 우리 능력의 모든 가능성을 반영한 것일까? 아니면 당시 우리가 당시 품었던 믿음의 수준에 따라 이룬 결과에 근거한 것일까? 그렇다면 우리가 믿음의 한계에서 벗어난다면 무엇을 더 해낼 수 있을까?

빅터의 이야기를 영감을 얻는 '뮤즈'로 삼아보자. 누군가 당신의 방문을 두드렸는데, 그 사람이 신이라고 상상해보자. 간달프나 요정, 혹은 FBI라고 해도 좋다. 누가 됐건 그는 수년간 당신을 지켜봐 왔으며 지켜본 사람들 중 당신이 가장 영리하고 재능이 뛰어나며 통찰력 있고 직관적인 사람이라는 증거를 발견했다고 밝힌다. 그는 당신의 정신적 또는 신체적 능력이 지금보다 열 배는 더 크다고 말한다. 그리고 당신에게 능력을 발휘할 수 있도록 1년의 시간을 주고, 그 후 국가와 인류를 구하기 위해 리더십이 필요한 고위직에 당신을 배치한다. 부와 명성, 노벨상은 이제 분명 당신의 미래이다.

그가 말을 마치고 돌아간 시점부터 당신은 자신에 대해 느낄까? 어떻게 행동할까? 자신을 바라보던 기존의 시각에서 벗어나 자신을 매우 가치 있는 인재로 바라보게 될 것이다. 턱을 높이 들고 어깨는 쫙 펴지고 자신감도 넘칠 것이다. 자신에 대한 평가와 기대가 네 배는 높아지면서 동시에 다른 사람들도 당신을 다르게 대하기 시작할 것이다. 한 해가 끝날 때쯤이면 몇 년을 합친 것보다 그 해에 긍정적인 삶의 진전을 더 많이 이루었다는 사실을 알게 될 것이다. 만약 누군가를 고용해서 사람들의 집 문을 두드리며 그런 이야기를 들려주면 사람들은 자신을 믿기 시작해서 자신감과 행동, 결과를 크게 향상시킬 수 있을 것이다. 그러면 거짓말이 진실이 될 것이다!

빅터의 이야기가 어떻게 다르게 전개될 수 있었을지 상상해보자. 선생님은 그의 부진한 학업 성과 때문에 그에게 보충 수업을 시켰을 수도 있다. 빅터가 왜 성적이 좋지 않았는지 알 수 없지만, 그가 최선을 다하지 않았다는 것은 확실하다. 지능이 뛰어난 많은 사람들이 학교의 암기식 교육에 어려움을 겪는다. 어쩌면 빅터는 괴롭힘을 당했을 수도 있다. 집안 형편이 어려웠을 수도 있다. 아니면 그런 집안 형편을 신경 쓰지 않았을 수도 있다. 여러 가지 이유가 있을 수 있지만, 교사는 학교 공부와 시험 성적을 통해 그가 능력이 부족하다는 증거를 보여주었을 것이다. 그것은 빅터의 전반적인 능력을 나타내는 것이 아니라 단지 빅터가 그때까지 그의 이해와 경험에 따른 결과였다. 나중에 누군가 그에게 더 많은 것을 할 수 있다며 용기를 북돋아주었더라도, 그는 자신이 직접 본 증거를 계속 믿었을 것이다. 그것이 현실이었으니까. 자신이 본 현실에 동의하는 것 말고는 다른 방법이 없었을 것이다. 그로부터 17년이 지나 운명적인 IQ 테스트가 그에게 다른 증거를 보여주었다. 빅터는 자신이 지적으로 부족한 존재라고 믿었다가, 증거가 바뀌자 천재라고 믿게 됐다. 그의 관점이 더 나은 방향으로 바뀌었기 때문에 그의 행동도 더 나은 방향으로 바뀌었고, 당연히 결과도 더 나은 방향으로 바뀌었다.

당신은 자신의 능력과 역량에 대해 어떤 증거를 믿고 있는가? 자신의 현재 능력이 실제 가질 수 있는 능력보다 훨씬 덜한 수준임을 인정할 수 있다면 1단계를 밟은 것이다. 2단계는 우리가 종종 놓치는 단계이다. 역량을 훈련하는 것이다. 자신의 능력과 역량에 대해 믿기만 한다고 하룻밤 사이에 성과가 달라지지는 않으며, 진정으로 노력하지 않는다면 아무것도 달라지지 않는다.

맨오워, 시애틀 슬루, 세크리테리엇 등 역사상 전설적인 경주마는 다른 우수한 경주마들보다 더 큰 심장을 가진 것으로 밝혀졌는데, 이러한 이례적인 특성이 이들의 우승 요인이었다. 하지만 이런 말이 농장에서 태어나 매일 진흙과 먼지를 뒤집어쓰며 쟁기질만 하고 넓은 목초지에서 달릴 기회는 한 번도 주어지지 않았다고 상상해보자. 그런데 농부인 브라운이 자신의 말이 비정상적으로 큰 심장을 가지고 있다는 사실을 발견하고 바로 다음 날 세계적으로 유명한 경마 대회인 켄터키 더비에 출전시킨다. 이 말이 바로 우승을 할 수 있을까? 다른 말보다 심장이 더 크고, 그래서 더 많은 산소를 받아들일 수 있는 이 말은 타고난 조건에도 불구하고 참패를 당할 것이다. 경주에 필요한 상태가 준비되지 않았기 때문이다. 경주에 적합한 상태로 심장을 단련해 필요한 능력까지 끌어올리려면 오랜 시간의 노력과 훈련이 필요하다.

마찬가지로 빅터가 새롭게 발견한 자신의 천재성은 그 가능성이 드러난 것이었을 뿐 훈련이 필요했다. 멍청이라는 소리를 들었을 때 빅터는 열다섯 살 정도였고, 그 후 17년 동안 여러 허드렛일을 했다. 그는 서른두 살에 군 입대를 위해 IQ 테스트를 받던 중 천재라는 판정을 받았다. 1947년 서른일곱 살 나이에 군에서 제대한 그는 목재 산업에서 일하기 시작했다. 그리고 천재임이 밝혀지고 7년 후인 1949년 서른아홉 살이 되어서야 멘사에 가입했다. 그는 자신의 두뇌의 잠재력을 더 높이 끌어올리기 위해 노력해야 했다.

자신에게 더 많은 잠재력이 있다는 것을 깨닫는 것만으로는 잠재력을 실현할 수 없으며, 이를 위해 훈련을 시작해야 한다. 잠재력은 전등 스위치가 아니라 마라톤이다. 동기 부여 세미나와 책들은 종종 믿음만이 변화를 가져온다고 잘못 선도하기 때문에 비판을 받는다. 믿음은 우리가 경로를 조정해 새로운 가능성을 이루기 위해 노력할 때만이 중요해진다.

스스로에 대해 더 많이 믿고 잠재력을 훈련하고 역량을 넓힐 준비가 되었는가? 당신의 정신을 최대한도로 활용하는 것보다 삶의 원동력을 만들어낼 수 있는 더 큰 기회는 없다.

내 마음의 작동법을 파악하라

애틀랜타 에모리대학교의 신경생물학자이자 정신과 의사인 케리 레슬러Kerry Ressler는 생쥐의 후성유전학적 유전epigenetic inheritance에 관한 연구를 수행했다. 그는 쥐에게 아세토페논 냄새를 풍기면서 작은 전기 충격을 주었다. 아세토페논은 아몬드와 체리 비슷한 냄새가 나는 것으로 알려져 있는데, 이 냄새가 나면 쥐는 전기 충격과 함께 고통이 다가올 것을 학습했다. 실험당한 쥐 중 한 마리가 시골에서 휴가를 보내며 가족과 함께 산책을 하다가 체리 과수원을 발견했다고 해보자. 체리 과수원 입구에 이르면 이 생쥐는 갑자기 겁에 질려 다른 생쥐들이 체리 향기를 만끽하는 동안 안전을 위해 도망칠 것이다. 더욱 놀라운 사실은 이 냄새에 대한 공포가 새끼 쥐에게 유전된다는 것이다. 아세토페논에 노출된 적이 없었지만 새끼 쥐들은 아세토페논에 매우 예민해져 냄새를 피해 자동반사적으로 도망쳤다. 정말 놀라운 것은 이러한 민감성이 3세대 생쥐뿐 아니라 수컷 생쥐의 정자로 체외 수정을 통해 임신한 생쥐에서도 나타났다는 사실이다.

친조부모와 증조부모를 생각해보면, 그들이 우리에게 물려준 두려움, 특히 오늘날 우리에게 실질적인 위협이 되지 않는 두려움은 무엇일까? 고소공포증이나 거미에 대한 두려움, 밀폐된 공간에 대한 두려움 등 우리가 쉽게 받아들이는 공포증에 대해 생각해보자. 증조부모에게 어떤 일이 있었기에 이러한 두려움이 우리의 DNA에 심어졌을까? 작가 테리 리얼Terry Real은 내 팟캐스트에서 이런 심오한 말을 했다. "가족 병리는 꼬리를 물고 번지는 산불처럼 대대로 이어져 한 세대의 어느 한 사람이 용기를 내어 불길에 맞설 때까지 길에 있는 모든 것을 무너뜨립니다. 그 사람은 조상에게 평화를 가져다주고 다음 세대의 아이들을 구합니다."

물론 이 말은 감정 전이emotional transference(정신분석학자 지그문트 프로이트가 고안한 개념으로, 과거의 상황에 느꼈던 특정한 감정, 혹은 날 때부터 무의식에 새겨진 정서를 현재의 다른 대상에서 다시 체험하는 것―옮긴이)를 뛰어넘어 자신감과 마음의 평화, 인지적 성향과도 긍정적인 관련이 있다. 말하자면 객관적인 현실이란 없다. 우리가 지각한 것만이 현실이 된다. 이것이 '감정적 유전motional genetics'이다.

인지적 성향도 살펴볼 수 있다. 5세대에 걸친 목장주들의 인지적 환경에 대해 생각해보자. 끝없이 펼쳐진 하늘이 아래 수백만 평에 걸친 드넓은 목초지에서 대대로 소떼를 키우는 사람들이다. 바람, 천둥, 말발굽 소리가 어우러져 장관을 만들어낸다. 그날그날의 날씨와 땅, 소들의 상태를 점검하느라 이리저리 이동하면서 너른 대지를 바라보며 하루를 보낸다. 하루가 끝나고 피로를 느끼는 가운데 머리로는 목장에 대한 큰 그림을 그려본다. 이제 이 상황을 작은 도시의 지하 상점에서 대대로 일하는 시계 제작자 가족과 비교해보자. 가계 내부의 집기들에서부터 섬세한 시계 부품에 이르기까지 모든 것이 빈틈없이 정확하다. 조용한 가운데 집중을 요하는 작업이 세밀하게 이루어진다. 매일이 일관성 있는 삶이다. 두 경우 모두 사고 과정과 인지 경로cognitive pathway를 위한 중요한 배선wiring이 뇌에 연결되어 있다. 여기에 긍정적이거나 부정적인 정서적 영향이 더해지면, 당신의 긍정적 또는 부정적인 정신적 성향의 뿌리를 발견할 수 있다.

건강하고 온전한 정신적 측면을 물려받았다면 감사해하며 삶에 적극적으로 활용해야 한다. 그러나 건강하지 않은 특성들은 억제하고 해당 특성이 내 삶에 얼마나 중요하고 관련이 있는지 고려해 행동 계획을 분별해야 한다. 예를 들어 나는 뱀 공포증이 있지만 해발 2800미터에서 살다 보니 뱀을 거의 보지 못한다. 삶에 방해가 되지 않기 때문에 내게 뱀 공포증이 있어도 괜찮다. 하지만 사회적 불안이 있거나 엘리베이터를 타지 못한다면 재프로그래밍을 위한 도움을 받는 것이 좋다.

그러나 인지 편향과 감정적 유전에서 가장 강력한 범주는 타인과 자신에 대한 신념과 믿음이다. 이는 유전으로 물려받은 공포증이나 IQ 수준을 훨씬 뛰어넘는다. 믿음, 긍정적인 태도, 여유로운 마음이라는 유산을 물려받았다면 이는 당신에게 유리하게 작용하는 특성들이다. 감사해할 것이 많다는 것을 깨닫고 그 현실을 최대한 활용하라. 당신은 나 자신과 다른 사람들의 삶을 확장시킬 수 있으며 그래야 한다.

하지만 두려움, 부정적 사고, 결핍이 많은 가족력이 있다면, 당신이 해야 할 일이 있다. 여러 번 강조하지만, 이것은 받아들여야 할 한계가 아니라 극복해야 할 출발점이다. 당신은 나무, 모래, 물가, 절벽 위에서라도 크고 견고한 집을 지을 수 있다. 하지만 이러한 경우에는 평평하고 단단한 땅에 집을 짓는 것보다 더 많은 계획, 토목 공사, 투자가 필요하다. 이 점이 중요하다.

생물학적 유산에서 비롯된 두려움과 자신감 중 현재의 현실과는 관련이 없는 것은 무엇인가? 현재의 당신에게 도움이 되거나 해가 될 수 있는 특정한 생각과 인지 경로가 당신의 유전자에 심어졌을 가능성이 있을까? 특히 조상들의 믿음/두려움, 긍정적 자세/부정적 자세, 여유로움/결핍 의식의 정도를 어떻게 평가하겠는가?

타인의 영향력을 리셋하자

하버드 의대 정신과 교수이자 의사인 존 레이티는 저서 『운동화 신은 뇌』에서 특히 스트레스를 받을 때 막대기를 뱀으로 착각하는 것처럼 문제가 없는 것을 위험으로 인식하는 '뱀과 막대기' 증후군을 언급한다. 외딴 산길에서 산악자전거를 타는 나와 매우 관련 있는 개념이다. 다행히도 내가 다니는 높은 산길에는 뱀이 거의 없고, 뱀을 무서워해도 나는 대부분의 경우에 최선을 기대하는 환경에서 자랐다. 당신의 인생에서 부모님 또는 키워주신 분들이 어린 시절 당신의 머릿속에 심어준 것보다 더 실재적인 프로그램은 없을 것이다.

자녀에게 최선을 기대하는 가정, 최악을 기대하는 가정이 있다. 말하자면 긍정적 편견과 부정적 편견이다. 이는 믿음 혹은 두려움을 남긴다. 여기서 내가 이야기하고 싶은 것은 당신이 어떻게 반응하느냐에 따라 두 가지 경우 모두 문제가 될 수 있다는 것이다.

165

사람들은 대체로 자신이 경험한 것을 받아들이고 따른다. 긍정적인 태도, 낙관주의, 믿음에 노출된 경험이 있다면 이를 따를 가능성이 가장 높고, 이는 자신에게 도움이 될 것이다. 반면에 부정적인 태도, 비관주의, 두려움을 경험했다면 이를 따를 가능성이 가장 높고, 이는 자신에게 해가 될 것이다. 그러나 잘못된 이유로 두 가지 경우 중 하나를 따르지 않는 것에도 숨겨진 위험이 있다.

사람들은 지나치게 잘 믿는 나머지 사람들에게 이용당하는 부모님을 보고 세상을 불신하게 될 수도 있다. 반대로, 세상을 지나치게 불신한 나머지 삶과 관계에서의 아름다움을 놓치는 부모님을 보면서 사람들을 지나치게 믿는 사람이 될 수도 있다.

부모님, 나를 길러주신 분들, 선생님 등이 우리 삶에 얼마나 큰 영향을 끼치는지는 잘 알 것이다. 어떤 사람들은 같이 지내는 식구보다 같이 지내지 않는 가족, 친척이나 선생님의 영향을 훨씬 더 많이 받는다. 이 책에서 다루는 성취감의 일곱 가지 영역 중 정신적 영역보다 우리가 더 큰 영향을 받는 영역은 없다. 우리는 우리의 삶을 이끌어주는 어른들이 지닌 특정 관점에서 영향을 받는다. 하지만 자신에게 빌런과 압제자 역할을 한 사람뿐 아니라 다른 이들의 관점을 맹목적으로 따르지 않아야 한다.

우리는 인생에서 우리 자신에게 주요하게 영향을 끼친 사람들을 그 자신의 영향력의 희생자로, 평범하고 불완전한 사람으로 볼 수 있어야 한다. 삶에 대한 그들의 인식은 그 일부가 잘못되었을 수도, 심지어 완전히 틀렸을 수도 있다. 이렇게 생각하지 않으면 그들로부터 자유로워지기가 매우 어렵다. 그들도 인간이기 때문에 불완전한 부분이 있을 수밖에 없다. 이 사실을 받아들이고 그들을 용서하자.

가장 가까운 사람들의 정신 건강과 그들이 맺는 모든 관계를 잘 살펴보라. 짐 론의 말을 다시 인용하자면 "당신은 가장 많은 시간을 함께 보내는 다섯 사람의 평균이다." 한 명일 수도 있고 열 명일 수도 있지만, 가장 많이 접하는 사람들을 생각해보고 그들의 삶에 대한 관점을 고려해 나 자신을 비춰보자.

당신의 정신 건강을 지원하는 사람들을 만나려면 어떻게 해야 할까? 주변 환경을 점검해서 기운을 북돋아주고 지지해주는 사람들과 함께 있을 수 있도록 하자.

환경 점검하기

제목에 '환경'이 들어간 데 이유가 있다. 마음 상태에 가장 크게 영향을 끼치는 것이 주변 환경이다. 주변 환경을 점검해보자.

- 집
- 가족 또는 동거인
- 이웃
- 거주하는 도시와 지역
- 직장

○ 사회 모임

나는 당신에게 도움이 되지 않는 관계를 버리라고 말할 만큼 냉담하지 않다. 나는 삶과 일, 인간관계의 덫을 이해한다. 하지만 이제는 이러한 관계들이 당신과 당신이 진정으로 아끼는 사람들의 삶에 어떻게 도움이 되는지, 아니면 방해가 되고 있는지 점검할 때이다. 긍정적인 마음을 키우는 일차적인 통제권은 당신에게 있다. 당신의 마음가짐에 따라 결과가 달라질 수 있다. 이 영역은 능동적이고 의도적인 결심과 행동이 필요한 영역이다. 그리고 당신은 그렇게할 준비가 되어 있다.

❗행동하기

부모님이나 당신을 길러준 분들, 선생님들의 결정과 행동은 주로 두려움에 기반했는가, 아니면 믿음에 기반했는가? 그들은 결핍 의식에서 삶을 바라봤는가, 아니면 여유로운 마음으로 바라봤는가? 일이 잘 풀릴 것이라고 배웠는가, 아니면 최악의 상황을 예상하라고 배웠는가?

신경가소성: 사고방식과 마음 상태도 바뀔 수 있다

우리는 대체로 마음 상태를 우리가 통제할 수 없는 것으로 여겨 왔다. 사도 바울은 "너희는 이 세대를 본받지 말고 오직 마음을 새롭게 함으로 변화를 받아…"라고 말했다. 여기에 '매일'이라는 말을 추가하자. 매일 마음을 새롭게 해야 한다. 매일 휴대폰이나 컴퓨터를 재부팅해서 모든 쓰레기 파일과 프로그램을 제거하는 것과 같다. 마음을 다스리기 위한 조치를 취하지 않으면 환경과 무의식의 지배를 받게 된다.

다행히도 지난 몇 년 동안 신경가소성이라는 개념이 널리 알려졌다. 이 용어는 위키피디아가 잘 설명해준다. "신경가소성이란 뇌의 신경망이 성장과 재구성을 통해 변화하는 능력이다. 뇌가 이전에 기능하던 방식과 다른 방식으로 기능하도록 재구성되는 것을 말한다." 다시 말해 뇌는 가변적이며 사고방식과 마음 상태도 가변적이라는 뜻이다. 이두박근을 생각해보자. 이두박근은 운동을 많이 하지 않으면 그리 크지도 않고 많은 일을 할 수도 없다. 깁스를 하면 얼마 지나지 않아 위축될 것이다. 하지만 꾸준히 웨이트 트레이닝을 해서 근육을 자극하고 적절한 회복 과정을 거치면 다시 커질 수 있다. 몇 달이 지나면 보기에도 좋고 무거운 무게를 들어 올릴 수 있는 상당한 크기의 이두박근을 가질 수 있다. 마음도 마찬가지다. 운동시키고 훈련해서 다시 프로그래밍할 수 있다.

다만 문제는 우리가 자신의 마음을 성장시킬 수 있다는 사실을 진정으로 받아들이지 못한다는 것이다. 나는 정신적인 면에서 아직 최상의 상태에 이르지 못했다. 나에게는 강점도 있고 상대적으로 약한 부분도 있다. 나는 평생 운동선수로 살아왔고, 이 글을 쓰는 지금 쉰하나의 나이에 산악자전거 경주에 출전했다. 25킬로미터를

1시간 16분이라는 내 한계에 가까운 기록으로 주파했다. 전체 레이스는 해발 3500미터에서 진행되었고, 험준한 길을 따라 400미터를 올라갔다. 좋은 성적을 내려는 정신력과 인내심만 놓고 본다면 나는 어느 누구와 다르지 않다. 그렇게 느끼는 주된 이유는 내가 나 자신을 통제하고 있다고 느끼기 때문이다. 그 느낌이 좋다. 나는 숙달되어 있고 몰입을 경험한다. 하지만 경주 일주일 전만 해도 식구들에게 문제가 있었고, 차 두 대가 고장 났으며, 외딴 곳에 있는 집 인터넷이 끊겨서 불안감이 치솟았었다. 스스로를 통제할 수 없었기 때문에 마음이 안정되지 못하고 흔들렸다. 하지만 나는 결국 해냈다. 당신도 나처럼 마음 상태가 잘 관리되는 삶의 영역이 있고, 그렇지 못한 영역도 있을 것이다. 여유를 갖고 시작하자. 당신이 삶의 원동력을 만들어낼 수 있는 것처럼 사고방식과 마음 상태도 당신이 원하는 대로 만들 수 있다는 것이 희망이자 기회이다.

❗행동하기

자신의 사고방식과 마음 상태를 그저 정적인 것으로 여기는가? 이미 고정된 것으로 생각하는가? 아니면 날씨처럼 언제든 변할 수 있다고 생각하는가? 자신의 사고방식과 마음 상태를 통제할 수 있는 권한이 자신에게 있다는 사실을 받아들이고 이를 증명해낼 행동을 할 수 있는가?

대부분의 역사에서 성공의 표상은 자유로운 여가 시간을 즐기는 모습이었지만 현재 우리는 바쁜 일정이 그 사람이 중요한 인물이라는 것을 보여주는 증거라고 여기는 문화에 살고 있다. 마찬가지로, 우리는 정신적으로 불안정한 것이 유행처럼 보이는 시대에 살고 있다. 가정, 직장, 학교, 모임에서 사람들이 '멘털이 무너졌다'거나 공황 상태에 빠질 뻔했다고 자랑스러운 듯이 말하는 시대가 됐다. 초조한 엄마, 번아웃 직전인 아빠, 불안해하는 아이들에 대한 이야기도 자주 듣는다. "마음이 정말 안정되고 좋아!"라는 말을 마지막으로 들어본 적이 언제였는가?

우리는 매일 아침 일어나서 어떤 옷을 입을지 결정한다. 만약 당신이 그날에 따라 어떤 정신적 '옷'을 입고 싶은지 결정한다면 어떨까? 정신적 옷장을 살펴보고 "오늘은… '엄청난 죄책감'을 입어야겠네. 약간의 불안과 혐오감도 입어야지. 그래, 그게 좋겠어"라고 말한다고 생각해보자. 반대로 "오늘은 어떤 상황에서도 자신감 있고 평화롭고 싶어. 일이 잘 풀릴 거고 난 괜찮을 거라고 믿는 게 건강한 거니까. 오늘은 이렇게 입고 하루를 보내야지"라고 말할 수도 있다.

농담이 아니다. 삶에서 겪는 트라우마와 스트레스를 사소하게 여기려는 것도 아니다. 하지만 당신은 언제 마지막으로 자신이 원하는 사람이 되기 위해 마음을 다스리겠다고 결심하고 실행에 옮겼는가?

나는 아이들의 상상에 관심이 많아서 아이들이 영화나 책에서 보고 읽은 인물 중 어떤 사람이 되고 싶은지에 대해 자주 대화하곤 한다. 아이들이 생각을 듣고 이야기를 나누는 과정은 무척 흥미롭다. 아이들은 한 번도 악당이나 정신적으로 불안정한 인물이 되고 싶다고 말하지 않았다. 대개는 세상을 구하는, 정서적으로 강한 인물을 선택한다. 이런 인물 말고 굳이 다른 선택을 할 이유가 없다. 중요한 것은 우리가 **선택할 수 있다**는 것이다. 극적인 인물 대신에 자신감 있고, 마음이 평화롭고, 침착한 사람이 되길 원하는가? 정신 없이 무모하게 반응하기보다는 건강하고 온전하며, 사려 깊게 생각하여 삶에 대응하는 사람이 되길 원하는가? 이 질문에 당신이 '그렇다'고 대답하고, 어떤 방향을 향해 노력해야 할지 알며, 이러한 사고 방식과 마음 상태로 의도적으로 노력한다면 당신은 성공의 출발선에 선 것이다. 당신의 주변 세상은 정서적 불안정이라는 바다를 정처 없이 헤매더라도 말이다.

⏻ 행동하기

어떤 마음 상태를 원하는가? 어떤 사람이 되고 싶고 어떻게 되고 싶은가? 당신의 인생 스토리에서 어떤 인물을 연기하고 싶은가?

내가 가장 좋아하는 영화이면서 사람들에게 과소평가되고 있다고 생각하는 작품은 톰 하디와 닉 놀테가 주연한 「워리어」이다. 이 영화는 정반대 성격의 두 형제와 알코올 중독자인 아버지가 등장하는 영화로, 격투기를 주제로 한다. 영화에서 유명 트레이너가 모차르트의 음악에 맞춰 선수들을 케이지로 나오게 하는데, 이는 보통 격투기 경기에서 기대하는 헤비메탈이나 하드코어 랩 음악과는 극명한 대조를 이룬다. 그는 선수들이 분노와 원초적인 감정 때문에 싸우는 것이 아니라, 중심을 잡고 자신을 통제하며 싸우기를 원했다.

자신이 원하는 마음 상태를 생각할 때 영감을 주는 대상이나 목표가 있으면 더 좋은 결과를 얻을 수 있다. "나는 …하기 위해 이렇게 느끼고 행동하고 싶다"라고 목표를 세우는 것이다.

몇 년 전, 나는 사업을 하면서 인생에서 균형을 잃고 정신없이 살아가고 있었다. 친구인 랜디 제임스 박사는 그때 내게 정신없이 바쁘게 살아가는 사업가라는 본보기를 아이들에게 보여주고 싶어 하는 것인지 물었다. 그 질문은 내가 바쁜 발걸음을 멈추고, 내 삶과 행동을 돌아보게 하는 계기가 되었다. 지금까지도 제대로 되지는 않지만, 아이들에게 영감을 주는 좋은 본보기가 되도록 살아야겠다는 목표를 그때 품게 되었다.

닮고 싶은 인물을 떠올리면서 그 이미지를 넘어 이유를 생각해보라. 이렇게 하면 소중한 사람들에게 어떤 모습을 보여주고 싶은지 생각하게 되면서 삶의 핵심 가치와 목적에 도달할 수 있다. 존경하고 가장 닮고 싶은 인물을 떠올리면서 그 인물의 가치관, 사고방식, 마음 상태가 주변 사람들에게 어떤 영향을 끼쳤는지 생각해보라. 내가 「반지의 제왕」의 간달프, 그리고 포레스트 검프에게 끌린 이유는 그들의 가치관이 주변 사람들에게 영향을 끼친 방식 때문이다.

현재 당신의 사고방식과 마음 상태에 무엇이 동기를 부여하는지 정직하게 살펴보라. 많은 사람들, 특히 보통의 남성들에게는 동기가 명확하지 않을 것이다. 나는 당신이 이 부분에서 <u>자신의 취약성을 드러내고 자기 자신에 대해 연민의 마음을 품기를 권한다</u>. 당신은 자신이 아는 최선을 다해 많은 것을 성취했을 것이다. 나 또한 그렇다. 우리는 여기서부터 성장할 수 있다.

❗행동하기

무엇을 위해 어떤 마음 상태를 가지길 원하는가? 다른 사람들에게 어떤 본보기가 되고 싶은가? 건강한 사고방식으로 누구에게 봉사하고 싶은가? 닮고 싶은 마음 상태에 있는 사람의 이미지는 어떠하며 그 이유는 무엇인가?

'내면의 어린아이'를 안아주는 어른

신체적으로 달라진 자신의 모습을 그려보는 것이 어렵다면, 정신적으로 달라진 자신을 그리는 것은 열 배 더 어렵다. 하지만 할 수 있다. 앞서 인용한 테리 리얼은 귀네스 팰트로, 브래들리 쿠퍼, 에스더 페렐 같은 유명인들에게서 큰 호응을 받고 있는 가족치료사이다. 저서 『우리: 너와 나를 넘어 더 애정 어린 관계 구축하기US: Getting Past You and Me to Build a More Loving Relationship』에서 그는 "순응하는 아이Adaptive Child"와 "현명한 어른Wise Adult"을 비교한다. 그는 우리가 안전하지 않고 위협을 느낄 때, 우리가 미성숙한 자아와 생존을 위해 배운 어린 시절의 적응 방식대로 행동하는 경향이 있다고 설명한다. 하지만 이를 인식하고 우리가 이제 성인임을 자각하고 믿음과 성숙함을 떠올릴 수 있을 때, 우리는 우리 안에 있는 현명한 어른으로서 삶에 신중하게 대응할 수 있다.

테리가 자신이 실제로 시각화하는 사례를 공유한다.

아내가 화를 낼 때, 저는 순응하는 아이인 여덟 살짜리 꼬마 아이 테리를 제 뒤로 보냅니다. 그리고 저는 제 어린 자아와 약속을 합니다. "넌 거기 뒤에 앉아 있어도 돼. 내가 널 지켜줄게. 슈퍼맨이 망토를 펼쳐서 폭풍을 막는 것처럼 내가 아내의 화를 정면으로 받아줄게"라고 말해요. 그래야 아내의 상처와 분노가 제 강한 등을 통과한 후에 순응하는 아이에게 도달하게 할 수 있어요. "그러니까 내가 널 보호해주겠다는 약속이야. 너도 약속해줘. 내가 아내를 상대하게 해주겠다고. 너는 나서지 마, 알았지? 일을 꼬이게 만들 거니까. 내가 너보다 아내를 더 잘 상대할 수 있어."[1]

나는 이 개념이 매우 적절할 뿐 아니라 실제로 자신을 다르게 볼 수 있는 유일한 선택지일 수 있다고 생각한다. 상위 자아와 하위 자아라는 개념도 있지만, 테리 리얼의 개념으로 10분 전 또는 며칠 전의 과거를 되돌아보면 자신이 본능적으로 순응하는 아이로 반응했는지 현명한 어른으로 신중하게 반응했는지를 인식할 수 있다. 마음속으로 이를 구분해보자. 예를 들어 자신의 어린 시절 사진을 보고 그 아이가 어떻게 세상에 적응하는 법을 배웠는지 생각해보라. 아이에게 연민을 품고 포용하되, 그 아이가 배운 것에 항상 굴복할 필요는 없다는 것을 인식하라. 테리가 보여주듯이, 당신은 그 아이를 보호하고 그 아이를 넘어 현명한 어른으로서 자기 자신을 항상 관찰하면서 성장해야 한다. 그럴 수 있으려면 자기 인식과 더불어 현재에 충실해야 한다.

🔎 행동하기

어렸을 때는 세상에 적응하는 법을 어떻게 익혔는가? 불안하고 안전하지 않다고 느낄 때 당신은 어떻게 반응하는가? 자신감과 안정감을 느낄 때는 어떻게 반응하는가? 순응하는 아이와 현명한 어른을 구분할 수 있는가?

좋은 영향력으로 주변을 채워라

원하는 사고방식과 마음 상태를 얻기 위해 노력하는 데 가장 큰 자산은 나와 공감할 수 있는 다른 사람을 찾는 것이다. 마지막 부분의 '나와 공감할 수 있는 사람'에 유의하자. '나를 이해해주는' 사람을 찾는 것만큼 정신적으로 큰 힘을 주는 것은 없다. 하지만 그런 사람을 어디서 찾을 수 있을까? 앞서 언급했듯이, 당신이 공감할 수 있는 책과 이야기, 인물들에는 큰 가치가 있다.

상담, 심리 치료 또는 코칭과 같이 자신을 이해하기 위한 개인적인 지도를 받는 것도 큰 도움이 된다. 또한 마음가짐을 다잡는 데 도움이 되는 좋은 모임도 많이 있다. 요가, 명상, 운동 모임 등 <u>최고의 나를 만들기 위해 노력하는 이들을 찾아 주변을 채워라.</u>

대부분의 사람들은 정보를 얻기 위해 커뮤니티를 찾지만 결국 관계를 위해 커뮤니티에 머무르게 된다. 그러니 당신을 격려하고 용기를 북돋아주며 더 나아진 자신을 믿도록 자극해줄 사람들을 찾아보라. 당신 자신에 맞는 커뮤니티를 찾아보라. 당신은 그럴 수 있고 또 그래야 한다.

❗행동하기

현재 자신의 사고방식과 마음 상태를 가장 잘 이해하기 위해 상담사나 심리치료사와 상담을 받은 적이 있거나 받을 수 있는가? 당신을 '이해'하는 사람을 찾았는가? 어떤 모임이 당신이 원하는 사고방식과 마음 상태에 도움이 될 수 있을까?

O **마음과 당신이 생각하고 느끼는 방식:** 우리는 무한한 가능성을 지닌 존재가 아니며 무엇이든 될 수도 없고 할 수도 없지만, 모든 사람은 자신이 원래 지닌 능력보다 훨씬 적은 능력을 사용하고 있다. 자신이 가진 능력을 제대로 사용할 수 있도록 필요한 행동을 해야 한다.

O **피해야 할 장애물:** 우리의 사고방식과 마음 상태는 고정되어 있지 않다. 그것은 나의 의도에 따라 만들어진다. 우리의 몸과 마찬가지로 마음도 단련하고, 변화시킬 수 있다.

O **진정으로 원하는 것:** 마음가짐과 정신 상태에 대한 통제권은 나에게 있다. 내가 원하는 것을 최대한 명확하게 파악해야 이 통제권을 완전히 쥘 수 있다.

O **자신의 모습을 그려보라:** 더 나아진, 다른 사고방식과 다른 마음 상태를 지닌 자신의 모습을 그려보려면 순응하는 아이와 현명한 어른을 분리해서 볼 수 있어야 한다.

7장
일
부자의 86퍼센트가 자기 일을 사랑한다

○
지금 당장 어떤 일을 하고 싶은가? 첫 번째 단계는 가능하다고 믿는
것이고, 두 번째 단계는 선택지를 탐색하는 것이다.

중세부터 1700년대 중반까지 살았던 사람 중 누군가에게 "어떤 일
을 하세요?"라고 묻는다면 아마도 당황한 표정을 지으며 다음 둘 중
하나로 대답할 가능성이 크다. "제가 하는 일을 묻다니 무슨 뜻인가
요? 남들 다 하는 일을 하죠?"라고 대답하거나, "물 길어 오고, 밭을
갈고, 작물을 심고, 사냥하고, 채집하고, 바느질하고, 빨래하고…" 등
긴 목록을 댈 것이다. 대부분의 사람들은 농사를 짓고 생활에 필요
한 수공예품을 만드는 등 비슷한 모습으로 살았다. 대장장이나 자기
제작 같은 특별한 기술을 지닌 사람도 있지만, 모든 사람은 주로 주
거지를 중심으로 먹을 것을 확보하며 일상적인 활동을 비슷하게 했
다. 필요한 대부분의 것을 직접 수확하고 만들었기 때문에 물건을
사기 위해 돈을 버는 것은 우선순위가 낮았다. 그런데 어느 순간 상

황이 바뀌었다.

산업혁명을 통해서 사람들이 직접 필요한 물건을 만드는 것에서 돈을 벌어 필요한 물건을 사는 문화로 바뀌게 된 것이다. 물건을 만들어 사람들에게 제공하고 그 대가로 돈을 버는 전문가들이 등장했다. 이는 엄청난 경제적, 직업적 변화였다. 함께 일하던 가족들이 집 밖으로 나가 전문 직종에 종사하게 됐다. 한 해 전만 해도 다른 사람들과 마찬가지로 농부였던 아빠가 다음 해에는 포드 자동차 공장의 조립 라인에서 특별한 역할을 맡게 된다. 아기를 돌봐야 하는 엄마는 집에 있다. 아빠는 승진을 하고, "저는 매니저입니다!" 또는 "저는 자동차 동력 부분의 전문가입니다!"라고 자신을 소개한다. "무슨 일을 하세요?"라는 질문에 이처럼 자신이 직장에서 맡은 일과 지위를 말하는 문화가 시작됐다.

이러한 문화적 진화가 얼마나 건강하고 도덕적인지를 논하는 것은 이 책의 요점을 벗어나는 것이다. 여기서는 일이란 무엇인지, 그리고 당신이 일에서 무엇을 원하지에 초점을 맞추고자 한다. 일과 직업은 우리 사회에서 보편적인 것이 됐다. 누군가 나에게 "어떤 일을 하세요?"라고 물으면, 나는 때때로 "아이디어로 기회를 만들어냅니다!"처럼 지적이고 재치 있는 대답을 하려고 한다. 또는 좀 더 전략적으로 "저는 아버지이자 남편이고, 취미로 산악자전거를 타고, 명사들과 의미 있는 대화를 나눕니다"라고 대답할 때도 있다. 그러나 이런 대답이 주로 혼란을 일으킬 뿐이며, 질문을 비켜 가려는 시도임을 인정한다. 우리가 하는 일은 우리가 지닌 주요한 사회적 자본이자 사람들이 나의 신뢰도를 가늠하는 기준이다. 직업으로 누군가를 판단하고 싶지 않아도, 오늘날의 경제에서는 그렇게 해야 한다. 사회적 지위와 관계없는 평등한 세상을 바라는 사람이라도, 지저분한 컷오프 반바지를 입고 고물 자동차를 운전하는 사람을 부동산 중개인이나 변호사로 고용하지는 않을 것이다.

어떤 일을 하느냐에 따라 버는 돈과 기회가 결정된다. 그리고 누구도 이 구조를 벗어나서 살 수 없다. 그렇기에 일은 우리의 자아상과 생활 방식에 영향을 끼친다. 물론 진정한 가치는 어떤 일을 하는지가 아니라, 자신이 하는 일을 어떻게 느끼는지에 있다. 우리는 일상생활의 대부분을 자신이 선택한 일을 하면서 보내게 되므로, 일에서 맡은 의무와 역할이 자신의 재능과 능력에 부합한다면 삶 전반에서 큰 목적과 성취감을 느낄 것이다. 반대로, 즐기지 않는 일을 하루에 8시간 또는 12시간씩 해야 한다면 엄청난 고통일 것이다. 일에 몸과 마음이 묶인 상태라면 의욕적인 삶을 살기는 거의 불가능할 것이다.

다시 한번 강조하지만, 내가 하는 일에 대해 내가 어떻게 생각하는지가 중요하다. 나는 나의 부모님 댄 밀러와 조앤 밀러 덕분에 이 부분에서는 자연스럽게 혜택을 받았다. 아버지는 자신이 좋아하지 않고 성취감을 느끼지 못하는 일은 하지 않으셨다. 2002년에는 베스트셀러인 『48일 안에 좋아하는 일을 하라48 Days to the Work You Love』를 저술하셨고, 수십 년 동안 '좋아하는 일' 운동에 앞장서고 계신다. 부모님 모두 우리 형제들을 먹이고 입히기 위해 일하셨고, 그 일을 힘들게 여기실 때도 있었다. 어린 시절의 나는 자신의 일에 영감을 느끼고 신념이 있는 부모님을 보며 가장 큰 가치를 느꼈다. 부모님은 내가 새로운 것을 시도하도록 이끌어주셨고, 실패해도 괜찮으며 모든 일이 잘될 것이라고 믿는 데 큰 도움이 되었다. 부모님께 감사드린다.

한 사람의 직업은 궁극적으로 인생에서 가장 큰 도움이 될 수도 있고, 영혼을 가장 크게 훼손할 수도 있다. 나는 일이 놀이가 되어야 한다는 생각에 동의하지 않는다. 자리에 앉아서 노트북으로 이 글을 쓰는 지금 내게는 다른 일을 하고 싶다는 생각이 거의 들지 않는다. 정말 감사한 일이다. 하지만 이것은 놀이가 아니라 힘든 일이다. 높은 산길에서 산악자전거를 타는 것이 놀이고 이것은 일이다. 멋지고, 활력을 주는 일이다.

❗행동하기

자신이 하는 일에 대해 어떻게 생각하는가? 그 일에 가치를 느끼는가? 자신에게 맞고 성취감을 느낄 수 있는 일에 참여하고 있는가? 자신의 일과 역할에 자부심을 느끼는가?

나의 타고난 '일 관점'을 점검하라

직업을 어떻게 바라볼 수 있는지에 대한 예시로 두 가지 상반되는 극단적인 경우를 들어보려 한다. 먼저 모든 동전을 하나하나 세며 막대한 부를 축적했던 늙은 구두쇠 스크루지이다. 그는 가능한 한 적게 돈을 쓰며 극빈자 같은 삶을 살았다. 매일 밤 춥고 음산하며 먼지가 쌓인 집으로 돌아와 희미한 불 옆에 앉아 혼자 미지근한 수프를 마셨다. 이와 대조적인 삶을 사는 멕시코 어부의 우화를 살펴보자. 고기를 잡고 나서 나머지 시간에는 무엇을 하느냐는 질문에 그는 이렇게 대답한다. "늦잠 자고, 낚시 잠깐 하고, 아이들과 놀고, 아내와 낮잠을 자고, 매일 저녁 마을을 산책하다가 이웃에 들러 친구들과 와인을 마시고 기타를 쳐요. 저는 충만하고 바쁜 삶을 살고 있어요." 마을을 방문한 한 미국인 사업가는 이미 이런 삶을 살고 있는 그에게 사업을 확장해 큰 부를 얻고 나서 쉬라고 권유한다. 현대의 삶의 방식에 대한 심오한 비유이다. 어부는 이미 자신이 좋아하는 삶을 살고 있지만, 우리 문화에서는 그런 삶을 누릴 수 있을 때까지 수년, 수십 년 동안 그 삶을 포기하도록 권장한다. 이런 생각은 어부가 벌이를 유지하기 위해 하루 종일 바쁘게 일하느라 즐길 시간이 없고, 노년에는 더 이상 생활에 필요한 돈을 벌 수 없으니 미리 대비해야 한다는 가정에 바탕을 둔다. 우리는 어쩌다 이렇게 됐을까?

윗세대가 매일 무엇을 했는지, 그리고 일에 대해 어떻게 느꼈는지가 당신의 DNA에 새겨진다. 약 50년간 고된 일을 한 일상은 뇌의 화학 작용에 변화를 가져올 수 있다. 50년간의 농작물 수확, 금융 업계 근무, 군 복무는 다음 세대의 뇌 구조에 엄청난 영향을 끼친다. 당신의 윗세대가 매일 했던 일과 역할이 그들의 타고난 재능과 소질에 맞았는가? 아니면 그들은 타고난 성향과 거의 무관한 일을 했는가? 일하는 환경은 평화롭고 즐거웠는가, 아니면 고단했는가? 스크루지와 어부 중 어느 쪽에 더 가까웠는가?

윗세대가 품은 일에 대한 관점과 느낌은 DNA에 새겨져 다음 세대로 전달된다. 이러한 유산이 반드시 우리가 지닌 일에 대한 관점을 절대적으로 좌우하는 것은 아니지만, 출발점에 영향을 끼칠 가능성은 높다. 앞서 설명했듯이, 이러한 출발점은 자신에게 이점이 될 수도 있고, 약간의 장애물이 되어 변화를 위해 분명한 조치를 취해야 할 수도 있다. 자신의 타고난 능력과 재능에 맞는 일을 찾고, 일을 자기 표현의 한 방식으로 여기며, 여기서 수익을 창출하는 것은 우리에게 강력한 힘이 된다. 삶의 의욕이 가득한 삶을 사는 데 꼭 필요한 조건이다. 중요한 것은 어떤 일을 하느냐가 아니라 자신이 하는 일과 왜 그 일을 하는지에 대해 어떻게 느끼느냐이다.

🎤 행동하기

자신의 유전적 특성이 일에 대한 관점에 어떤 영향을 끼쳤는가? 자신의 윗세대에 대해 알고 있는 것을 고려할 때, 일에 대한 유전적 출발점이 자신에게 도움이 되는가, 방해가 되는가? 어떻게 그러한가?

한 일반 사회 조사General Social Survey는 40년간의 연구를 통해 부모, 양육자의 직업적 발자취를 따르는 것에 대한 자녀들의 선호를 보여준다. 예를 들어, 아버지가 의사라면 아버지의 뒤를 따를 확률이 일반 사람들의 23배, 변호사라면 17배 더 높다. 이해가 되는 수치다. 많은 사람들이 윗세대의 발자취를 따르거나 그것에 반항하는 경향이 있는데, 두 가지 경우 모두 우리를 쉽게 잘못된 방향으로 이끌 수 있다.

주변 사람들이 하는 일은 우리에게 크게 영향을 남기며, 많은 사람들이 가족, 친인척, 교사, 심지어 가까운 친구의 부모 같은 이들에게 영향을 받아 직업을 추구한다. 우리는 자신이 접하지 못한 직업을 추구하는 것을 주저하거나, 심지어 아예 그 직업을 상상조차 하지 못하기도 한다. 내 아이들의 성향도 우리 부부가 보여준 것과 우리의 직업관에 크게 영향을 받을 것이다.

여기서 중요한 것은 당신이 자란 환경이다. 부모님과 부모님의 친구들은 일을 단순히 고되다고만 생각했는가? 생활비를 벌기 위한 필요악이라고 생각했는가? 명예로운 일이지만 가족을 부양하기 위해 용감하게 하는 일로 여겨졌을 뿐인가? 아니면 자신을 표현하고, 개인적으로 발전하며, 사회적으로 공헌하는 흥미진진한 장으로 봤는가? 당신의 삶에 영향을 끼친 사람들은 자신의 일을 두려워했는가? 참고 견뎠는가? 아니면 그 일에서 큰 기쁨과 목적을 찾았는가? 학교에서 우리가 경험했던 교사 중 어떤 이는 자신의 직업을 아이들을 잘 가르쳐 세상에 공헌하는 것으로 여겼겠지만, 교실에서 보내는 시간을 마치 징역처럼 여기며 학생들에게 절망과 분노를 표출하는 교사도 봤을 것이다. 그들의 관점은 의심할 여지없이 당신에게 영향을 주었고 지금도 여전히 영향을 줄 것이다. 유전적 성향과 마찬가지로 이러한 관점도 당신에게 영향을 끼치므로, 긍정적인 관점은 감사하게 받아들이고 부정적인 관점은 가려서 듣도록 하자.

2010년에 토머스 콜리는 부유한 사람들과 빈곤한 사람들의 일상과 습관을 5년간 관찰하고 분석한 결과를 담아 『부자 습관 가난한 습관』이라는 책을 출간했다. 연구에 따르면 가난한 사람의 96퍼센트는 자신이 하는 일을 좋아하지 않고, 부자의 86퍼센트는 자신이 하는 일을 좋아하며, 부자의 7퍼센트는 자신이 하는 일을 정말 좋아한다고 답했다. 또한 "자신의 일을 좋아하는 사람들은 싫어하는 사람들에 비해 두 배 이상의 부를 쌓았으며, 부를 쌓는 데 걸리는 시간은 일을 싫어하는 사람들이 들인 시간의 3분의 1 정도였다."

증거는 여기서 그치지 않는다. 내가 젊은 시절에 큰 영향을 받은 토머스 스탠리와 윌리엄 댄코의 저서 『이웃집 백만장자』는 대부분의 백만장자는 의사나 변호사, 유명인이나 프로 운동선수가 아니라 자신이 좋아하고 잘하는 일을 하는 평범한 사업주라고 밝힌다. 이런 사람들은 월급 이면의 목적을 찾는다. 당신은 생존을 위해 한동안 만족스럽지 않은 일을 해야 하는 상황에 있을 수 있다. 동감한다. 나 또한 짧지만 그랬던 적이 있다. 그 시간 동안 '더 적합하고 보람 있는 일 찾기'라는 미션을 수행한다면 당신과 주변의 소중한 사람들, 그리고 세상에 훨씬 더 많은 봉사를 할 수 있을 것이다. 그 직업은 제 발로 눈앞에 나타나지 않을 것이기에 당신이 직접 찾아 나서야 한다.

◉ 행동하기

당신이 자란 환경은 일에 대한 당신의 관점에 어떤 영향을 끼쳤는가? 성장 과정에서 당신에게 영향을 준 사람들을 고려해보면, 일에 대한 환경적 출발점이 당신의 전반적인 직업적 원동력에 도움이 되는가, 아니면 방해가 되는가?

커리어라는 사각형 구멍에 동그란 나를 맞추지 말 것

부모님, 길러주신 분들, 공동체의 기대와 영향이 우리에게 가장 적합한 직업적 방향을 찾아 나가는 데 방해가 되는 주요 장애물이라는 것은 놀랄 일이 아니다. 부모의 커리어를 따르거나 가업에 참여하라는 노골적인 압력을 받기도 하고, 반대로 더 크고 용기가 따르는 일을 하지 말라는 기대를 받기도 한다. 어느 쪽이든 상당한 부담이다.

내게도 이런 경험이 있다. "아빠, 제 사업을 하면 더 많은 돈을 벌 수 있다는 건 알지만, 지금은 스스로 방향을 정하고 동기를 부여하는 게 어려워요. 저는 따라야 할 체계가 있는 직장을 원해요"라고 아이 중 하나가 멋쩍게 말했다. 내가 아이에게 나처럼 하라는 압박과 기대를 크게 주었다는 것을 깨닫고 마음이 무척 좋지 않았다. 아이는 솔직하게 말해주었지만 당시 나는 아이가 느끼는 감정을 세심하게 살피지 못했다. 부모의 생각이 아니라 자녀가 원하고 소질이 있는 곳에 집중해야 한다. 부모의 기대 때문에 상당수의 사람들이 자신에게 맞고 성취감을 느낄 수 있는 일에서 멀어진다.

아이가 '잘하는 것'을 따라야 한다는 통념도 늘 옳은 것은 아니다. 아이는 부모의 말 때문에 자신이 잘하지만 전혀 즐기지는 않는 직업을 추구하기도 한다. 어렸을 때 나는 덩치가 크고 빠른 데다 겁이 없었으며, 눈과 손의 협응력이 뛰어나 야구와 축구 같은 구기 종목에서 두각을 나타냈다. 그래서 이런 팀 스포츠에서 운동선수의 길을 걸으라는 격려를 많이 받았다. 문제는 내가 팀플레이를 그리 잘하지 못했고, 코치와 팀원들의 문화와 라커룸의 심한 장난 때문에 종종 어려움을 겪었다는 것이다. 결국 고등학교 때 풋볼을 그만두면서 일찍부터 좋아했던 자전거 경주에 전념했고, 솔직히 타고난 재능이 없었을 수도 있는 개인 스포츠가 나에게 더 잘 맞는다는 것을 알게 되었다. 나는 자전거 경주에 더 만족했고, 더 많은 노력을 기울인 끝에 큰 성공을 거두었다.

내 막내아들은 타고난 육상 실력과 정신력을 가지고 있어서 어린 나이에 크로스컨트리와 트랙 경기에서 거의 독보적인 선수가 되었다. 거기다 우리는 올림픽 훈련 센터에서 32킬로미터밖에 떨어지지 않은 곳에 살고 있어서, 나는 이 길을 선택해 계속 훈련하면 아이가 반드시 금메달을 딸 거라고 생각했다. 하지만 시간이 지날수록 아이는 경기에 대한 두려움과 부담감을 점점 더 많이 털어놓았다. 나는 부담을 덜어주고 육상의 즐거움을 찾아주려고 노력했지만, 아이에게 경기란 전력투구해서 이겨야 하는 것이었고, 그러다 보니 마음속으로는 경기에 참여하지 않고 싶어 했다. 현재 아이는 축구를 하며 친구들과의 우정을 쌓고 있고 장기적으로 육상을 하고 싶다는 생각은 없다. 나머지 아이들도 운동선수의 꿈을 좇지는 않는다. 평생 운동선수였던 내가 아이들에게 영감을 주는 데 실패한 것일까, 아니면 아이들 자신이 있는 그대로의 모습으로 살아갈 수 있도록 자유를 준 결과일까? 아이의 재능을 발견했을 때 부모는 자녀를 그 방향으로 이끌어야 한다는 압박감을 느낄 것이다.

우리는 잘못된 판단으로 종종 다른 분야에서 성공할 수 있는 기회를 놓치기도 한다. 직업으로 무엇을 하고 싶은지 고려할 때는 타고난 재능, 기술, 능력에 큰 가치를 부여해서 기준으로 삼되, 자신이 좋아하는 일에도 그만한 같은 가치를 부여해야 한다.

또 다른 장애물은 잘못된 이유로 어떤 진로를 좇는 것이다. 사람들은 돈을 기준으로 학위를 취득하거나 특정 분야에서 경력을 쌓아야 한다는 압박감을 느끼며, 그 결과 전혀 즐겁지 않은 직장에서 일하거나 사업을 운영한다. 수많은 사람들이 직위와 보상만을 위해 전문직을 추구하거나 기업에서의 경력을 쌓는다. 숫자를 다루는 것을 정말 좋아하고 훌륭한 공인회계사나 재무 쪽 일이 더 어울리는 데도 예술가로 인정받고 싶어 하는 이도 있다. 선한 사람들이 커리어라는 사각형 구멍에 자신이라는 동그란 막대를 끼워 맞추려다 실패하거나, 성공하는 과정에서 괴로워하고 결국 지쳐버리기도 한다. 중요한 것은 당신에게 삶의 원동력을 주는 동기를 아는 것이다.

당신의 일에는 '계기'가 있는가

"지금 당장 어떤 일을 하고 싶은가?"라고 좁혀 질문해보자. 많은 사람들이 갖은 아르바이트, 노동 시장에 진입하며 갖게 되는 직업 등을 시작으로 일생 동안 다양한 직업을 거친다. 내 친구 하나는 30년 동안 기업에서 일했지만, 한창 일할 나이에 퇴사해 상담학 학위를 취득하고 성공적으로 상담 일을 시작했다. 우리 사회는 오래 몸담았던 일을 떠나 완전히 다른 일을 추구하는 것을 더 많이 포용하는 시대에 이르렀다.

어떤 일을 하고 싶은지 결정하는 가장 좋은 방법은 자신을 진정으로 아는 것이다. 그렇게 하면 자신을 만족시킬 수 있는 적합한 일을 찾을 수 있다. 예를 들어, 나는 현재 19개의 비즈니스 이니셔티브business initiative(근무 환경, 기업 문화, 사업 전략 등의 개선을 추구하는 활동―옮긴이)를 시작했는데, 겉으로 보기에는 모두 다른 것처럼 보이지만 대체로 나의 주된 재능과 욕구를 활용하는 역할이다. 사이클링 팀, 사업가 커뮤니티, 팟캐스트 등 모든 사업에서 나는 사람들이 자신의 가치관에 따라 훌륭하고 만족스러운 삶을 살 수 있도록 영감을 불어넣고 있다. 그러니 하나의 성배 같은 일을 찾아야 한다는 부담에서 벗어나 자신을 움직이는 원동력이 무엇인지 알아보고 그것을 지침으로 삼자. 이를 생각하면 한 가지 기회에만 전념할 필요가 없다.

이제 막 노동 시장에 들어선 사람이라면 아직 인생을 많이 경험하지 않았기 때문에 앞으로 무엇을 추구하고 싶은지 결정하기 어려울 수 있다. 첫 번째 단계는 자기 자신과 타고난 재능, 능력, 자신이 어떤 즐거움을 추구하는지 이해해보는 것이다. 가능한 한 많은 업무 역할과 환경을 접하도록 하라. 선배들에게 어떤 경험을 했는지 물어보라. 흥미로운 직업이나 비즈니스가 보이면 직접 찾아가서 일상적인 업무가 어떤지 살펴보라.

이미 직장에 몸담고 있는 분들을 위해 나는 최근 한 방송에서 이런 질문을 주제로 삼았다. '현재 종사하고 있는 경력, 직업, 비즈니스를 하는 데 가장 큰 영향을 끼친 것은 무엇인가요?' 많은 사람들이 자신이 현재 하고 있는 일을 어떻게 시작했는지 그 계기를 잘 알지 못했고, 이 사실은 흥미로우면서도 상당히 우려스러웠다. 많은 사람들에게 직업은 그저 주어진 기회일 뿐, 자신에게 정말 적합한지 여부는 거의 관련이 없었다. 연간 수입에 대한 기대를 기준으로 진로를 선택하는 이들이 얼마나 많을까? 연봉 8000만 원은 받아야 한다고 생각한다면, 변호사라는 직업이 자신에게 아주 잘 맞을지라도 변호사가 되는 것을 고려하지 않을 수도 있다. 또는 연봉이 3억 원이상은 되어야 한다는 생각으로 그 정도의 수입을 올릴 수 없는 수많은 훌륭한 직업을 자동으로 배제할 수도 있다.

우리는 현재의 경험과 이해, 지식과 능력이라는 프리즘을 통해서만 일자리 기회를 바라보는 경향이 있는데, 이는 우리가 이용할 수 있는 기회 중 극히 일부에 불과하다. 벅차게 느껴질 수도 있지만, 자신과 자신의 핵심 강점, 자신을 만족시키는 것이 무엇인지 진지하게 고민해보라. 그렇게 할 수 있다면 수많은 커리어 방향을 무시하지 않게 될 뿐 아니라 이전에는 고려조차 하지 않았던 많은 기회가 열릴 수도 있다. 자신이 잘할 수 있는 일에 온전히 몰입해서 할 수 있는데, 그냥 하게 된 일을 할 이유가 무엇인가?

한 걸음 물러서서 직장 생활에서 원하는 것이 무엇인지 과감하게 생각해보라. 평범함에 안주하고 싶은가, 아니면 세상에 봉사하고 자신을 마음껏 표현할 수 있는 직업이나 사업에 도전할 용기를 내고 싶은가? 첫 번째 단계는 가능하다고 믿는 것이고, 두 번째 단계는 선택지를 탐색하고 고려하는 작업을 시작하는 것이다.

⚡행동하기

일에서 진정으로 원하는 것은 무엇인가? 어떤 일을 즐기는가? 정말 자신에게 맞는 역할은 무엇인가? 너무 좁은 시각으로 기회를 바라보고 있지는 않는가? 어떤 것도 무시하지 말고 대담하게 생각하라.

우리는 당신에게 삶의 원동력을 주는 동기와 그 이면의 감정을 찾고 있는데, 앞서 살펴본 것처럼 많은 사람들이 부모님이 우리에게 요구한 집안일을 할 때와 마찬가지로 일이란 힘들고 하기 싫은 것이라는 생각으로 일에 접근한다. 어쩔 수 없이 해야 하기 때문에 일하는 것이다. 이런 관점에서는 어떤 지속적인 가치도 얻을 수 없다.

지금까지 당신이 해 왔던 직업을 되돌아보고 어렸을 때 했던 아르바이트를 포함한 여러 가지 일에서부터 각 직업에 대해 어떻게 느꼈는지 생각해보자. 이를 통해 무엇이 나에게 동기를 부여하는지에 대한 단서를 얻을 수 있다. 원하는 물건을 사고 싶다는 이유로 많은 사람들이 처음으로 일을 시작하곤 한다. 나에게 그것은 자전거였고, 나는 낡은 오토바이를 수리해 판매해서 원하던 BMX 자전거를 구입했다. 일은 그다지 즐겁지 않았지만, 자전거를 타는 내 모습은 친구들이 만화를 보는 토요일 아침 동안 오토바이를 수리할 동기를 부여했다. 여름 캠프에서 아이들을 인솔하는 일은 아이들의 행복한 얼굴을 보며 뿌듯함을 느끼는, 돈을 버는 것보다 더 큰 의미를 얻는 일이다. 나는 이모와 삼촌이 운영하는 캠프에서 아르바이트를 하면서 이런 경험을 했고, 여름이 끝날 무렵 동료 캠프 지도원들과 함께 모든 수입을 캠프에 다시 기부했다.

당신이 했던 각 직업을 살펴보고 왜 그 일을 했었는지 생각해보라. 어떤 보상이 있었는가? 지금까지 한 일에 대해 정리해보라.

왜 현재의 직업을 선택했는가? 처음에 어떤 희망을 품었었는가? 매일 아침 일어나서 일하러 가는 동기는 무엇인가? 우리는 생계를 유지하는 것 이상의 동기를 찾으려 하고 있다. 먹고사는 데 힘쓰는 것은 분명 가치가 있다. 하지만 그것이 일을 하는 유일한 이유라면 결코 성취감을 찾을 수 없다. 내내 이어지는 지루함과 불만은 삶의 다른 모든 영역으로 번질 것이다.

당신의 일에 대해 어떻게 느끼는지 자문하라. 그러고 나서 자신의 일에 대해 어떻게 느끼고 **싶은지** 자문하라. 매일 아침 눈뜨는 것에 대해 긍정적인 감정을 느끼게 해줄 당신의 삶의 원동력은 무엇일까? 일에 대해 좋은 감정을 느끼는 것이 가능하냐는 생각이 조금이라도 있다면 그런 생각을 버려야 한다. 직업적 성취는 단순히 월급을 받는 것 이상의 의미, 즉 자신보다 더 큰 무언가에 기여하거나 누군가에게 도움을 줄 수 있을 때만 가능하다.

❗행동하기

당신이 일을 하고 싶게 만드는 동기는 무엇인가? 돈인가? 지위인가? 사람들의 기대인가? 어떤 업무를 하며 성취감을 느끼는가? 업무 중 어느 때 깊이 몰입하게 되는가? 지금까지 가장 즐거웠던 업무는 무엇이었나? 단순히 돈을 벌기 위한 일이다, 설령 정신 건강과 내 잠재력에 해가 되더라도 이 일을 하는 것만으로도 감사해야 한다는 등 일에 대해 어떤 부정적인 타협을 한 적이 있는가?

극단적인 예를 들어서 연봉이 억대에 달하는 회사 임원이 예술가나 뮤지션이 되고 싶다거나 작은 사업을 시작하고 싶다고 가정해보자. 알람 소리에 맞춰 일어나 비즈니스 복장으로 차려입고 고층 사무실로 출퇴근하는 대신, 자기 스케줄에 맞춰 일어나 청바지(또는 취향에 따라 뭐든)를 입고 일하며 생계와 관련된 모든 결정에 전적으로 책임을 지는 자신을 상상할 수 있는가? 친구, 가족, 동료들은 나를 어떻게 바라볼까? 가장 중요한 것은 당신 스스로가 자신을 어떻게 바라보는가이다. 나는 이 시나리오가 실제로 실행되어 갈등과 실패를 초래하는 것을 본 적이 있는데, 그 이유는 그가 새로운 패러다임으로 자신을 그려볼 수 없었기 때문이다.

이 시나리오를 뒤집어 생각해보자. 서민층 또는 중산층으로 자랐고, 노동 계층의 시각에서 경제를 바라보지만 의사나 변호사 또는 은행 임원이 되는 것에 관심이 있다면, 새로운 라이프스타일로 자신을 상상하는 데 어려움을 겪을 수 있을 것이다.

이상을 품지만 새로운 현실에 몸을 담은 자신의 모습을 그려볼 수 없다면 그 꿈은 실현하기 힘들다. 이런 문제를 겪고 있다면 스스로에게 '왜 안 될까?'라는 질문을 던져보라. 우리가 만나는 대부분의 장애물은 실제 장애가 아닌 자의적인 인식일 뿐이다. 그러니 바라는 일을 할 수 없는 이유를 찾아보라. 그 과정에서 대부분의 변명이 설득력이 없다는 것을 깨닫게 될 것이다. 물론 꿈으로 나아가는 여정에 정말 방해가 되는 몇 가지 불리한 상황이 있을 수 있다. 하지만 가능성이 닫히는 것은 아니다.

자신의 모습을 그려볼 수 없더라도, 어쨌든 해야만 하는 일이라고 느낄 수도 있다. 신념이 강렬할 때, 변화는 차차 일어난다. 새로운 도전은 완전히 미지의 세계이다. 하지만 뭔가 바뀌어야 한다. 그리고 실제로 바뀌고 있다.

❗행동하기

원하는 일을 하는 자신의 모습을 상상할 수 있는가? 지금과는 다른 역할을 맡은 자신을 상상할 수 있는가? 새롭거나 다른 업무를 하는 것이 자신에게 더 적합할까? 당신은 당신의 신념과 관점에 관계없이 변화를 위해 행동할 수 있는 충분한 확신이 있는가?

당신에게 더 잘 맞는 새로운 흐름을 찾아라

때로는 머릿속으로 그려보는 것 없이도 변화하겠다는 신념만 가지고 계속 나아가야 할 때도 있다. 하지만 그러기란 정말 어렵다. 관점을 바꾸는 가장 좋은 방법은 당신이 달성하고자 하는 성공을 구현한 사람들과 어울리는 것이다. 앞서 언급한 예술가가 되려는 임원의 경우를 다시 예로 들어보자. 만약 당신이 임원이라면 금요일 밤 퇴근 후 모두가 화려한 마티니 바에 갈 때, 대신에 예술가들이 모이는 동네 술집으로 향하는 식이다. 만약 당신이 노동 계층 집안에서 태어난 여성이라면 모두가 동네 술집으로 향할 때, 차려입고 고급 술집으로 향하는 식이다.(그동안 가본 술집을 손으로 셀 수 있는 사람으로서 다소 부족한 묘사일 수 있다. 젊은 시절 대부분 나는 벤앤제리스 아이스크림을 먹으며 스티븐 킹 소설을 읽다가, 다음 날 160킬로미터 훈련이나 경기를 위해 일찍 잠자리에 들었다! 이렇게 생활하다 결혼해 가정을 꾸려서 다른 사람들의 밤 문화에 대해서는 잘 모른다.)

내 경험을 이야기해보자. 한번은 재무 감각을 높이기 위해 한 재무 관리 회사의 와인 시음회에 참석했는데, 300달러나 하는 와인 한 상자를 사야 했다. 알고 보니 고객들은 대부분 나이가 많았고, 이 모임 대신에 나는 경제적으로 공감대를 형성할 수 있는 더 젊은 사람들의 모임, 재테크를 목표로 하는 모임을 찾았어야 했다. 어쨌든 집에 있는 와인 병은 나 자신을 바라보는 관점을 계속해서 높게 유지하는 데 도움이 되었다.

당신이 관심 있어 하는 직업에서 일하는 사람들을 찾아 함께 시간을 보내며 어울려라. 성공한 경영자, 예술가 또는 사업주에게 커피나 점심을 같이 하자고 하면서 (계산은 당신이 하라!) 조언을 구하고 싶다고 말하라. 조언을 구하는 요청을 거절하기는 매우 어렵고, 대부분의 사람들은 자신이 배운 것을 사람들에게 전하고 싶어 하기 때문에 일이 놀랄 만큼 쉽게 성사될 것이다.

젊은 이들 중에도 대학에 진학해 자신이 바라던 직업 분야에서 성공한 사람과 직접 대화를 나눠보지 않고 학위를 취득하는 경우가 많다. 권투 선수가 몇 년 동안 혼자서만 훈련하다가 어느 날 실제 시합에 출전하는 것을 상상할 수 있는가? 그러니 만나서 이야기를 나눠라! 관심 있는 분야의 일을 하는 사람들과 교류하라. 그들과 대화하고, 해당 기업과 비즈니스 현장을 방문하라. 현재 당신이 속한 곳의 흐름을 거스르지 않으려는 패러다임을 버려라. 당신에게 더 잘 맞는 새로운 흐름을 찾아라.

♟ 행동하기

당신에게 적합하고 당신이 바라는 직업 영역은 무엇인가? 목록을 작성해 보고 하나하나 상세하게 검토하라.

요약

O **직업:** 우리가 깨어 있는 시간의 대부분을 바치는 '일'은 나 자신이 누구인지, 스스로 자신을 어떻게 바라볼지와 같은 관점을 형성한다. 하루 종일 힘들여 하는 일은 좋든 나쁘든 당신이라는 사람을 만들 것이다. 일을 단지 돈을 벌기 위해 하는 것으로 가볍게 여기지 말자.

O **피해야 할 장애물:** 우리는 자의가 아닌, 가장 가까운 사람들의 기대와 우리가 속한 문화에 따라 어떤 일을 할지 선택하기도 한다. 그로 인해 우리의 가능성의 범위가 제한되었다는 사실을 깨닫고

그 너머를 보기 위해 노력하자.

○ **진정으로 원하는 일**: 지금까지 당신이 받아들였던 한계에서 벗어나 어떤 일을 하고 싶은가? 당신의 재능과 능력, 즐거움 안에는 당신이 상상하는 것보다 훨씬 더 많은 기회와 가능성이 있다.

○ **자신의 모습을 그려보라**: 원하는 자리에 있는 자신의 모습을 그려볼 수 있다면 꿈을 이루는 데 도움이 될 것이다. 자신의 모습을 그리기가 어렵다면 그 이유를 스스로에게 물어보라. 자기 의심을 무시할 수 있을 만큼 강력한 이유를 찾는 것도 하나의 대안이 될 수 있다.

8장
돈
당신이 가진 것과
가지지 않은 것이 당신이다

○
돈이란 단순히 재화를 교환하는 수단이 아니라 라이프스타일이다.
당신이 진정 재정적으로 원하는 것은 무엇인가?

1992년에 나는 대출을 받아 부동산 투자를 해 많은 돈을 벌고 있던 한 남자를 만났다. 은행들이 대출금 회수에 나서면서 그는 파산했다. 실패로 인해 그가 겪은 정서적 혼란은 사람들이 경제적 자유를 찾도록 돕는 책을 쓰도록 동기를 부여했다. 그는 그 주제로 라디오 방송도 시작했다. 아내와 나는 그의 첫 번째 직원이 되어 책 판매와 배송, 사업 운영, 방송 이벤트를 도왔다. 우리는 내슈빌의 저렴한 주거 지역에 있는 그의 집에서 일했고, 그와 그의 아내가 사업 때문에 바쁘거나 가끔 데이트를 나갈 때 그의 아이들을 봐주곤 했다. 그는 우리가 다녔던 교회의 한 강의실에서 돈에 관한 수업을 진행했다. 그는 바로 미국 최고의 금융 전문가인 데이브 램지이다. 당시 그가 자비 출판한 파란색 표지의 작은 책은 『파이낸셜 피스』(아직도 우리 집 어딘가에 초판 몇 권이 남아 있다)였고, 라디오 방송의 이름은 「머니 게임」이었다. 오늘날 데이브는 재정과 관련해 미국에서 가장 잘 알려진 인물이며, 그의 팟캐스트는 미국에서 가장 많이 청취하는 프로그램 중 하나로 매 에피소드마다 수백만 명이 듣는다.

데이브가 수많은 사람들을 위해 좋은 일을 해 왔지만, 미국인 네 명 중 한 명이 여전히 돈 때문에 매우 불안하다고 답하고, 절반 이상이 돈이 자신의 삶을 지배한다고 답한 암울한 통계가 있다. 우리가 상당히 의욕을 보이는 듯 보이는 삶의 한 측면이 있다면 그것은 바로 돈과 관련된 것이지만, 대개 이러한 의욕은 건강하지 않고 성취감을 주지 못한다.

돈은 우리가 살 수 있는 것과 살 수 없는 것, 그리고 우리가 가진 것과 가지지 못한 것을 나타내는 것에 불과하기 때문에, 단순히 돈 그 자체에만 집중하는 것은 옳지 않다. 따라서 이 문제에 대해 올바르게 논의하려면 당신이 버는 돈, 구매하는 물건, 소유한 것들을 면밀히 살펴봐야 한다.

우리가 돈에 대해 이야기할 때 핵심은 **안전**과 **안정**, **기회**이다. 나는 원래 리얼리티 프로그램을 싫어했지만, 친구의 권유로 「홀로 생존하기Alone」를 보게 됐다. 참가자들은 야생에 100일 동안 홀로 남겨지고, 추위를 견디는 데 필요한 온기, 병에 걸리지 않는 것, 먹을 음식을 찾는 것의 진정한 가치가 무엇인지를 매우 빠르게 깨닫게 된다. 프로그램을 보며 개인적으로도 지방이 함유된 음식의 중요성에 큰 관심을 가지게 됐다. 이런 것들을 구하는 데 도움이 되는 도구들은 정말 금과도 바꿀 수 없을 만큼 귀중한 자산이었다. 사슴을 사냥하는 화살, 물고기를 낚는 갈고리, 밤에 따뜻하게 잠을 잘 수 있는 침낭, 불을 피울 수 있는 부싯돌은 정말 값진 물건이었다. 이 물건들은 그들에게 돈과도 같았고, 말 그대로 생사를 갈랐다.(물론 이 프로그램의 경우에는 핸드폰으로 제작진에 연락해서 구조될 수 있었지만!)

생존을 위해 필요한 것들은 우리에게 절대적으로 중요하다. 운 좋게 굶주림이나 잠자리 걱정을 한 번도 해본 적이 없는 사람도 있겠지만, 이러한 압박은 인생을 바꿀 수 있다. 2018년 아스펜 연구소 Aspen Institute에서 발표한 바에 따르면 "부채가 감당하기 어려워질수록 재정적인 어려움을 겪는 사람들의 자살 가능성이 높아진다."[1] 자신과 가족을 부양할 수 없는 벼랑 끝 상황과 돈을 벌어 성공해야 한다는 엄청난 문화적 압박은 결코 무시할 수 없는 문제이다. 이는 생존을 위한 우리 뇌 속의 유전적 배선을 떠올리게 한다. 원시인들은 식량과 집을 뺏기는 것을 두려워했고, 농부들은 가뭄과 농작물 파괴를 두려워했으며, 오늘날 우리는 채권자와 대출금, 사회적 추락을 두려워한다.

우리가 하는 일은 생활의 중심이 되고, 이는 우리가 살 수 있는 것과 소유한 것을 둘러싸고 우리의 자아상, 가치와 뗄 수 없는 관계에 놓이며 두려움을 가중시킨다. 우리는 돈이 있는 사람을 높이고, 없는 사람을 업신여기는 문화에서 살고 있다. 우리는 자동차, 시계, 보석, 유행에 맞는 옷, 심지어 경건한 검소함에도 자신의 정체성을 부여할 수 있다. 나는 재정적 페르소나에 영향 받지 않는 사람을 아직까지 만나보지 못했다.

작가이자 강연가인 랍비 다니엘 라핀이 팟캐스트에 출연한 적이 있다. 그는 돈을 '감사패'라고 정의했는데, 이는 돈에 대한 나의 관점에 큰 영향을 주었다. '감사패'라는 것은 말하자면 우리가 일을 해 사람들에게 가치를 제공했다면 그에 대한 보상으로 '감사'를 받아야 한다는 뜻이다. 우리는 어릴 때부터 이를 배웠다. 나와 내 친구들은 이웃집 잔디를 돈을 받지 않고 깎아준 적이 없다. 하지만 5달러나 10달러짜리 '감사패'를 받으면 기꺼이 잔디를 깎아주곤 했다.

하지만 모든 사람이 한 번쯤은 자신이 제공한 가치에 상응하는 보상을 받지 못한다고 느끼기 때문에 여기서 때때로 마찰이 생긴다. 중요한 점은 '수렵과 채집'의 결과로 별장이나 고급 자동차를 살 수 있는 감사패를 받든, 평범한 직장에서 이달의 직원으로 인정받든, 우리가 제공한 노동에 가치를 부여하는 방식이다. 세상에 나가서 자신과 식구들을 위한 식량을 가지고 돌아올 수 있는가가 중요하다. 우리는 개인의 웰빙과 문화적 지위가 구매력과 소유에 달려 있으며, 이는 모두 돈으로 귀결된다는 사실에서 벗어날 수 없다.

사람들은 돈을 정말 좋아하거나, 정말 싫어한다. 일반적으로 돈을 좋아하는 사람은 돈이 더 많고, 돈을 싫어하는 사람은 더 적게 가진다. 돈에 관련해 자신이 어느 면에서 의욕을 보이는지 파악하려면 돈과 관련된 감정과 동기를 살펴봐야 한다.

예를 들어, 돈을 싫어한다면서도 콘서트 티켓을 구매하고 저녁 식사와 술값을 지불하는 것을 좋아하는 사람들이 종종 있다. 자전거, 자동차, 스마트폰을 기쁘게 구입한다. 돈을 싫어하지만 돈으로 사는 것은 좋아한다고 주장하는 것은 물을 싫어하지만 수영은 좋아한다는 말과 같다. 이들이 싫어하는 것은 돈을 벌고, 자산을 유지하고, 관리하기 위해 노력하는 것이다. 재정에 관한 조언은 여기서 하지 않겠다. 내가 이 장에서 말하려는 것은 당신이 돈을 어떻게 바라보고 느끼는지를 인식하고, 당신의 원동력이 당신이 정말로 원하는 것을 만들어내도록 하는 것이다.

돈에 대한 나의 '디폴트 값'을 인식하라

「다운튼 애비」는 미국 공영방송 PBS의 45년 역사상 시청률이 가장 높은 드라마로, 돈, 소유물, 지위, 개인의 세계관이 문자 그대로 그리고 비유적으로 어떻게 후대에 대물림되는지를 훌륭하게 보여주는 작품이다. 이 드라마는 자신이 가진 것에 감사하는, 인심이 후한 상류층과 왕족, 그리고 자신들보다 조금 덜 가진 사람들에게 악의를 품고 부를 축적하는 사람들을 묘사한다. 돈에 대한 관점은 대개 후대로 대물림된다. 조상의 인심이 후했던 부유한 지주는 다음 세대에서도 후한 인심을 이어 가는 반면, 부를 축적하려는 부유한 사람들은 축적하는 성향을 대물림한다.

당신의 윗세대를 돌아보라. 부유했든 가난했든 그들은 자신들이 가진 것과 갖지 못한 것을 어떤 관점으로 보았는가? 그러한 관점이 당신에게 전해졌는가? 이를 살펴보다 보면 자신의 현재 관점과 성향에 대해 예상치 못했던 단서를 발견할 수 있다.

모든 사람이 가족의 과거에 대한 기록을 찾을 수 있는 것은 아니다.(나에게도 어려운 일이었다.) 하지만 가족으로 인해 내가 받아들인 관점이 무엇인지를 명확히 이해하면, 내가 진정으로 원하는 것이 무엇인지 파악하는 데 도움이 된다. 그리고 그러한 인식을 바탕으로 내 관점을 조정할 수 있다.

❗행동하기

당신의 윗세대는 어떤 일을 했는가? 어떤 생활 방식으로 살았는가? 얼마나 많은 것을 남겼는가?

경제관념 점검: 다섯 가지 영향력

일에 관해 이야기한 앞의 장에서 사람들이 직업적으로 부모의 발자취를 따르는 경향이 있다는 사실을 언급했다. 또한 우리는 돈, 소유물, 사회적 지위와 관련해서도 부모를 따르는 경향이 있다. 만약 부모를 따르지 않는다면, 아마도 반발감에서 나온 반응일 가능성이 높다. 어느 경우든 당신을 키워준 분들의 생활 방식과 재정 상태에 영향을 받았을 것이다.

내 팟캐스트에 출연한 200여 명의 게스트 중 큰 재정적 성공을 거둔 이들의 상당수가 어린 시절 가난에서 벗어나기 위해 돈을 많이 벌어야겠다고 느꼈다고 말했다. 마찬가지로 많은 게스트가 돈에 쪼들려서 상처받는 부모님을 위해 돈을 벌어야겠다고 다짐했다. 두 가지 경우 모두 선대보다 더 많은 돈을 벌겠다는 좋은 동기가 있었지만, 이는 고통에 대한 반응이지 진정한 성취로 이어지는 순수하고 건강한 동기는 아닐 수 있다. 마찬가지로, 다른 사람이 틀렸다는 것을 증명하거나 '내가 어떤 사람인지 보여주기' 위해서 돈을 벌려고 했다면 진정한 마음의 평화를 찾기가 어렵다.

반대로, 부유한 환경에서 태어난 사람들은 오늘날에도 부유층에 남아 있는 비중이 매우 적다. 가난의 고통이 행동을 추동하는 동기가 될 수 있는 반면, 부는 종종 안락함에서 오는 무위를 낳거나, 더 많은 부를 창출할 수 있다는 믿음이 부족해지며 가진 것에 절망적으로 매달리게 만들기도 한다.

흥미롭게도 부유한 문화권에서는 돈에 대해 어느 정도 양면성을 가진 사람들이 점점 더 많아지고 있다. 이들의 성장 환경은 중산층 또는 중상류층이었고, 생활 방식은 검소하지도 사치스럽지도 않았다. 집에서 돈에 대한 논의가 많지 않았기 때문에 이들은 편안한 생활 방식을 유지하는 것 외에는 별다른 욕구가 없다.

어린 시절 집에서 돈이라는 주제를 어떻게 다뤘는지, 물건을 구매하고 가지는 데 대한 규칙과 기대가 어떻게 다루어졌는지 살펴보는 것부터 시작해야 한다. 여기서는 부모님이나 양육자가 당신에게 어떤 영향을 끼쳤는지와 관련해 고려해야 할 다섯 가지 범주를 간략하게 소개한다. 범주마다 다소 중복되는 부분도 있지만, 당신이 경험했을 수 있는 미묘한 차이를 다뤄보려 한다.

결핍 의식 또는 여유로운 마음

"공짜로 얻어지는 것은 없다" "공짜 점심은 없다" 같은 말은 돈을 둘러싼 제로섬 사고방식을 만든다. 결핍 의식은 자원은 제한적이고 유한하기 때문에 지금 가진 것을 잘 지키고 가질 수 있는 것은 가져야 한다는 생각에 바탕을 둔다. 이러한 사고방식은 극단적인 경우에 사재기 같은 행동으로 이어지기도 한다. 반면에 "자원은 충분하며, 필요할 때 더 많은 자원이 나에게 생길" 거라는 관점이 있다. 이는 서로 윈윈하는 사고방식, 누군가가 더 많이 가질수록 모두가 더 많이 가질 수 있다는 믿음이다. 내가 두 개를 가지고 있고 상대방이 아무것도 가지고 있지 않다면, 내 것을 하나 줄 때 그것은 나의 손실이 아니라 모두에게 이득이 된다는 사고방식이다.

두려움 또는 믿음

이것은 위와 상당히 비슷하지만 미묘한 차이가 있다. 나는 결핍 의식 속에서도 일이 잘 풀릴 것이며 그러기 위해서 필요한 일을 할 것이라는 믿음을 갖고 있는 사람들을 봤다. 반면에 뿌리 깊은 두려움을 느끼는 사람들은 풍요로운 현실과 상관없이 언제든 끔찍한 곤경에 처할 수 있다는 걱정을 한다. 나 역시 항상 불안감을 느꼈던 사람이다. 억대 수입을 올리면 마음이 편안해질 거라고 생각했던 적이 있다. 하지만 막상 그 목표를 달성하고 나니 객관적인 현실이 아니라 내재된 감정에 근거한 생각이었기 때문에 내 감정에는 아무런 변화가 없다는 것을 깨달았다.

통제 또는 관대함

가부장적인 문화에서 사는 많은 사람들이 돈과 관련된 통제를 경험한다. 이는 대개 가족의 생계를 책임진 아버지에게 기인한다. 돈은 다른 사람들을 조종하고 면박을 주는 데 사용되었다.("넌 아빠가 힘들게 일해서 번 돈으로 차린 밥을 먹고 있잖아!" 같은 말을 생각해보라.) 반대로 마음 씀씀이가 후한 부양자는 돈을 공동의 이익에 더 가깝게 취급한다.(예컨대 식사 전에 감사 기도를 하면서 "이 음식은 우리에게 합당한 은혜"라고 말한다.) 당신은 욕망과 소비에 대해 죄책감을 느끼는가, 아니면 사서 가질 수 있는 것들을 은혜로 생각하는가?

괴로움 또는 기쁨

어떤 사람들은 돈에 대한 본능적인 증오심이 생겨서 돈을 적처럼 대하기까지 한다. 데이브 램지는 돈은 벽돌과 같다고 말했다. 벽돌로 고아원을 지을 수도 있고 창문을 향해 던질 수도 있다. 문제는 우리의 태도이다. 돈에 대해 일반적으로 괴로움을 느끼는가 하면, 어떤 사람들은 돈을 순수한 기쁨으로 대한다. 돈을 버는 것 말고는 성취감을 거의 또는 전혀 주지 않는 일을 할 때, 우리는 괴로움과 피해 의식을 느끼게 된다. 이런 경험은 돈에 대해 냉소적인 시각을 갖게 한다. 반면에 일이 단순히 돈을 넘어 우리에게 훨씬 더 많은 것을 준다면, 자신의 일로 기여한다는 뿌듯함을 느끼고 돈에 대해서도 기분 좋게 느끼게 된다.

사회적 지위

빈곤층, 중산층, 부유층 등 당신이 성장하면서 경험한 문화를 이해할 필요가 있다. 당신은 가난뱅이에서 부자로, 또는 모든 것을 가진 상태에서 거의 아무것도 가지지 못한 상태로 한 가지 이상의 사회적 지위를 경험했을 수 있다. 무의식적으로 자신의 사회적 지위를 받아들였을 수도 있고, 가난이나 부, 그리고 그 두 가지의 덫을 거부하며 저항했을 수도 있다.

같은 기준을 적용해 당신의 가족, 친구, 사회 집단이 일반적으로 돈, 구매, 재산에 대해 어떤 생각을 지녔는지 살펴보라. 당신이 이미 이러한 문제를 잘 알고 있든 그렇지 않든, 현재 당신의 환경을 검토하고 무엇이 자신에게 도움이 되는지 생각해보기 바란다. 가족과 친구, 동료에게서 받은 영향이 당신의 재정에 어떤 영향을 끼치고 있는가?

▮ 행동하기

과거와 현재의 환경을 주의 깊게 살펴본 후, 현재의 재정 상황에 대한 자신의 생각을 점검해보라. 현재 상황이 자랑스러운가, 부끄러운가? 미래가 두려운가, 든든하게 준비가 되었는가? 원하는 삶을 위해 필요한 것을 조달하는 자신의 능력에 자신감을 느끼는가? 소유한 것과 소유하지 않은 것들에 대해 어떻게 생각하는가?

인정받기 위해 소비하지 말라

금전적, 재정적 원동력을 가로막는 주요 장애물은 '남들에게 뒤처지지 않으려는 욕구'이다. 아내와 나는 데이브 램지의 딸 레이철을 돌보곤 했다. 이제는 어른이 된 레이철을 팟캐스트에 초대한 적이 있다. 그녀는 저서 『그들의 삶이 아닌 당신의 삶을 사랑하라Love Your Life, Not Theirs』에 대해 이야기하면서, 사람들이 친구들과 같은 사회적 지위를 얻기 위해 노력하는 것만으로도 경제적 압박을 느끼는 놀라운 경향을 설명했다. 특히 소셜 미디어가 우리에게 어떤 피해를 끼치는지에 대한 그녀의 설명이 흥미로웠다. 소셜 미디어는 다른 사람들이 어떻게 살고 있는지 우리에게 끊임없이 보여준다. 대개 인생에서 가장 즐겁고 행복한 순간이 담긴 소셜 미디어 속 게시물을 보며 우리는 모든 사람과 자신을 비교한다. 사람들은 다른 이들이 소유한 것과 같은 물건을 사고 싶어 한다. 우리 모두는 소속감을 간절히 원하기 때문이다.

아웃도어 활동을 즐기는 부유한 친구들과 대화를 나누던 중, 좋아하는 선글라스 브랜드에 대해 저마다 이야기하는 것을 듣고 나도 선글라스를 구입해야겠다는 생각을 한 적이 있다. 그러다가 나는 사실 선글라스를 쓰는 것을 그다지 좋아하지 않는다는 사실을 떠올렸다. 이처럼 원래는 절대 구매하지 않을 물건인데도 단지 사람들을 따라가기 위해서나 휩쓸려서 물건을 사는 경우가 많다.

큰 집, 최신 자동차, 디자이너 옷과 장신구, 이국적인 휴양지 등 다들 비슷비슷하게 즐기는 듯 보이는 부유층을 비판하고 싶을 때도 있다. 나는 이런 삶과는 대조적으로 다양한 경제적 계층의 다양한 삶이 공존하는 로키산맥 인근의 마을을 좋아한다. 오래전에 사용한 위성 접시 안테나가 있는 50년 된 집은 시세로 1~2억 원 정도 하는데, 그 옆에는 100억 원 상당의 고급 별장이 있다.

사람은 끼리끼리 모인다. 하지만 이런 모임은 돈과 관련해서는 우리의 재정에 과도한 압박을 주기도 한다. 데이브 램지의 말을 들어보자. "우리는 마음에 들지 않는 사람들에게 잘 보이기 위해 없는 돈으로 필요하지도 않은 물건을 사기도 합니다." 자신의 돈과 소유물을 살펴보고 그것이 자신의 진정한 동기와 욕구에 얼마나 부합하는 것들인지, 이런 것들을 살 때 우리가 사회적 기대에 얼마나 영향을 받는지 질문해봐야 한다. 안타깝게도 우리는 남들을 따라가기 위해, 또는 남들에게 잘 보이기 위해 물건을 사들인다. 나 또한 이런 경향에서 자유롭지 않다. 나는 집을 꾸미는 데 열의가 있는 사람은 아니지만(나는 오래된 차를 운전하고, 옷은 그야말로 닳을 때까지 입으며, 대체로 물건을 고장이 날 때까지 쓴다), 뒤편 현관에 있는 낡은 그릴을 두고는 남들이 어떻게 생각할까 신경이 쓰인다. 나는 이 그릴을 자주 사용하지도 않지만, 사실 아직까지 쓸 만하다. 수십만 원을 들여서 더 좋은 그릴을 사려는 유일한 이유는 낡은 외관 때문이다. 친구가 좋은 그릴이 있다고 알려줬지만 지금 그릴도 여전히 쓸 만하고 쓰레기 매립장에 갖다 버리기 싫다는 이유로 새로 사지 않기로 결정했다. 내 오래된 트럭도 마찬가지이다. 우리 집은 국유림에 있어서 차로 아이들을 등하교시키고 목재, 쓰레기, 자전거까지 자주 옮긴다. 많은 짐을 실을 수 없는 차는 낭비이다. 다만 산에 있는 마을 특성상 차가 자주 망가진다. 비포장도로와 자갈길을 달리기 때문에 앞 유리에 금이 자주 가지만 1999년형 대형 SUV를 굳이 바꾸고 싶지는 않다. 그런 중에도 때때로 포르쉐 카이엔을 사고 싶어진다. 실용성은 거의 없지만 분명 멋져 보이긴 할 것이다. 아이들이 큰 뒤에 살 수도 있지 않을까 생각해본다.

하지만 기회비용을 무시하지는 않으려 한다. 비즈니스에서 진지하게 대접받고 싶다면 일반적으로 기대되는 복장, 외형을 갖춰야 한다. 가구 도매업으로 큰돈을 번 친구가 하나 있다. 수십 억 원을 호가하는 집에 사는 것과는 달리 중소형차를 몰고 다니는 이유를 그에게 물어본 적이 있다. 그는 작은 마을의 가구점들을 돌아다니는데 고급 승용차를 타고 다니면 고객들에게 불쾌감을 주고 신뢰를 떨어뜨릴 수 있다고 말했다. 그러니 자신이 추구하고자 하는 바에 맞게 복장을 적절히 하는 게 좋다.

돈은 수단이 아니라 라이프스타일이다

지금까지 살던 곳과는 다른 새로운 도시에서 깨어나 완전히 새로운 삶을 살 수 있다면 어떨까? 원하는 사회경제적 지위를 선택하고 무엇을 사고 구매할지 선택할 수 있다면? 또한 어떤 종류의 일을 하고 어떻게 수입을 올릴지도 선택할 수 있다면? 그렇다고 모든 사람이 대저택, 요트, 인피니티 풀을 소유한 억만장자가 되고 싶어 하지는 않는다. 그런 생활 방식에 매력을 느끼지 못하는 사람들도 많기 때문이다.

나는 부를 쌓기 위해 노력해 이제 더는 돈을 벌 필요가 없는 부유한 사람을 알고 있다. 그는 전에는 잔디 깎는 일을 외부에 맡겼지만, 어느 날 마당의 잔디를 직접 깎기 위해 수동 잔디 깎이를 구입했다. 당시 나는 돈도 없었고 잔디 깎는 일을 극도로 싫어했기 때문에 그의 행동은 내게 충격적이었다. 내가 그러면 돈은 문제가 되지 않기 때문에 사람을 써서 잔디를 관리했을 것이다.

현재의 환경과 기대에서 벗어나 자신이 **진정** 재정적으로 원하는 것이 무엇인지 자유롭게 생각해보라. 먼저, 수입을 살펴보라. 얼마를 벌고 싶은가? 자신이 하고 싶은 일의 현실적인 한도 내에서 결정해야 한다. 학교 교사가 되는 것이 꿈이라면 직업에 따라 기대할 수 있는 소득 수준이 있다. 의사가 되는 것이 꿈이지만 의사라는 직업과 관련된 부의 덫이 마음에 들지 않는다면 그 문제를 해결해야 할 것이다. 하지만 선택한 직업에 걸맞은 수준의 수입을 선택할 수 있다면, 그것이 우리에게 어떤 느낌일지 생각해보고 자신이 지금과는 다르게 살 수 있다는 가능성을 받아들여야 한다. 현재 연봉이 5000만 원이지만 정말 3억 원을 벌고 싶다면 자유롭게 상상해보라. 반대로 더 단순하고 검소한 삶을 살고 싶다면 그런 삶을 자유롭게 머릿속에 그려보라. 건강한 재정적 욕구를 가진 대부분의 사람들이 그러하듯, 별나고 일관성이 없어도 좋으니 자유롭게 상상하라. 나는 새 옷을 거의 사지 않는 편이지만, 운동을 더 잘하기 위해서 새 신발을 산다. 캠핑을 좋아하고 밴에서 잠만 자는 외딴 지역에서의 휴가를 좋아하지만, 가끔은 모든 편의 시설을 갖춘 고급 호텔에 묵기도 한다. 나는 모순된 내 모습을 웃으며 그냥 받아들인다.

소유물은 돈에 관련해 핵심적인 요소이며, 사람들은 타인의 압박과 기대가 없으면 자신이 무엇을 가질 수 있는지 제대로 분별하지 못한다. 새로운 환경에 놓인 자신을 상상해보고 진정으로 원하는 주택, 자동차, 옷, 기기, 여가 용품에 대해 질문해보라.

이런 식으로 계속해서 생각하는 연습을 해보면 돈이란 단순히 재화를 교환하는 수단이 아니라 라이프스타일이기 때문에, 돈에 대한 진정하고 건강한 동기를 찾는 데 크게 도움이 된다.

🍵 행동하기

새롭게 시작할 수 있다면 어떤 삶의 형태를 선택할지 상상해보라. 현재 당신의 현실과 얼마나 다른가? 돈과 사회적 지위와 관련해 더 진정성 있게 살기 위해 어떤 비용과 위험을 감수할 수 있는가? 당신의 사회경제적 성향은 어떠한가?

당신은 왜 돈을 벌려 하는가

사이클 경기에서 최고의 선수를 찾는 팁이 있다. 그들이 사용하는 운동 장비는 그들의 다른 모든 재산을 합친 것보다 더 가치가 있다. 나는 평생 최고의 사이클리스트로 활동해 왔고, 내 경험에 따르면 지역 경기에서 가장 이기기 어려운 경쟁자는 500만 원짜리 차에 1500만 원짜리 자전거를 싣고 오는 사람이다. 그런 자전거의 95퍼센트는 스폰서가 제공했을 가능성이 높다. 그는 성과가 절실하면서도 우수한 선수이다. 그의 구매력은 주로 성과에 달려 있고, 여기서 그는 동기를 얻는다.

재정적 결정에 동기를 부여하는 요소는 지위, 자아상, 성과, 유용성, 창의적인 욕구의 다섯 가지 범주에 걸쳐 있다. 일반적으로 사회경제적 압력, 즉 지위가 문화적으로 가장 큰 재정적 동기로 작용한다.

먼저 직업을 살펴보자. 일에서 얼마나 많은 부분이 그 일을 하고 싶었던 당신의 진심과 관련되고, 얼마큼이 급여 때문이었는가? 물론 돈을 버는 것도 중요하다. 하지만 돈이 아니었다면 당신은 지금의 직업을 선택했을까? 사회적 지위를 위해 그 일을 선택했는가? 당신이 바라는 직위와 직책 때문이었는가? 성과와 도전할 수 있는 기회 때문이었는가? 순전히 실용적인 결정이었을 수도 있다. 즉, 당신이 할 수 있는 일이고, 급여도 적당하며, 출퇴근이 나쁘지 않았기 때문이었을 수도 있다. 당신이 하는 일에서 기여와 성취감 대신 순수하게 돈이 차지하는 비중이 얼마나 되는지 살펴볼 필요가 있다. 어떤 대답도 괜찮다. 이런 질문들은 당신이 자신의 선택을 인식하고 그것이 진정으로 자신이 원하는 것인지 생각해보게 도우려는 것이다.

두 번째로, 얼마나 많은 돈을 벌고 싶은지 생각할 때, 그 의도를 이끄는 감정이나 욕구를 파악하라. 무척 중요한 문제다. 단순히 더 많이 벌고 싶다고 말하는 것도 도움이 되지 않는다. '더'라고 말하려면 이유를 밝히고 목적의 핵심을 파악해야 한다. "더 많은 돈을 벌어서 …하려 한다." 이 문장의 빈칸을 채우라. 그리고 지위, 자아상, 성과, 유용성, 창의적 욕구의 다섯 가지 범주를 다시 한번 살펴보라. 가족 즉, 타인을 부양하기 위해 돈을 벌려는 것이 주된 욕구라고 하더라도 이는 여전히 자아상과 관련이 있다. 당신은 가족을 돕는 사람이 되고 싶은 것이다.

또한 자신의 구매 습관에 대해 스스로를 지나치게 비판하지 않도록 노력하라. 비즈니스에서 "돈을 벌려면 돈을 써야 한다"는 말은 자주 사실로 드러난다. 많은 사람들이 자신을 위해 돈을 쓰는 것에 대해 죄책감을 느끼는 경향이 있으며, 자신을 채우면 다른 사람들에게 더 많은 것을 나눠줄 수 있는 경우에도 마찬가지이다. 활력을 되찾고, 소중한 사람들에게 좀 더 편안한 모습을 보여줄 수 있다면 돈을 잘 쓴 것이다. 새 가전제품을 구입해 생활의 불편함을 조금이나마 덜 수 있고, 마음이 더 평화로운 상태로 가족을 위해 봉사할 수 있다면 그렇게 하라.

이미 소유하고 있는 물건은 "나는 …를 소유한 사람이기 때문에 …하다"라는 관점에서 바라보는 것이 가장 도움이 된다. 우리는 소유물에 대해 어떠한 이미지를 떠올린다. 자동차 광고는 때때로 자동차의 품질이나 가치에 대해 전혀 알려주지 않고, 숲이나 해변을 달리거나 태평양 연안 고속도로를 질주하는 이미지만 보여줄 때가 있다. 어떤 제품이 최고라고 말하기가 어렵고, 거의 무한에 가까운 다양한 제조업체와 브랜드가 있다. 고급 자동차, 그릴, 카누, 기타를 소유하고 고양이를 기르는 사람이 있다면 머릿속에 어떤 고정관념이, 이미지가 떠오르는가? 그런 다음 자신을 돌아보고 왜 그 물건들을 가지고 있는지, 왜 어떤 물건들은 가지고 있지 않은지, 어떤 물건들은 왜 갖고 싶은지 생각해보라. 지위, 자아상, 성능, 실용성, 창의적 욕구 중에서 어떤 욕구를 채우고 싶어 하는지 스스로에게 물어 보라.

돈과의 관계를 이끄는 민감한 감정을 둘러싼 또 하나의 중요한 문제는 **돈에 대한 사랑과 증오**이다. 돈을 너무 사랑하는 사람도, 지나치게 증오하는 사람도 만족하지 못한다. 돈을 건강하게 인식하는 사람들은 검소한 생활을 하든 호화로운 생활을 하든 돈이 양날의 검이 될 수 있음을 알고 있다. 하지만 돈을 정말 사랑한다고 말하는 사람들은 돈을 좇으면서 느끼는 수치심을 보상받으려 한다. 돈을 증오한다고 말하는 사람들은 일반적으로 돈 때문에 겪은 고난 때문에 괴로워하지만, 마음속으로는 더 많은 돈을 갖고 싶어 하고 두려움을 덜고 싶어 한다. 우리가 돈에 대해 자주 느끼는 불안정한 감정의 이면에 있는 감정, 동기, 궁극적인 원동력을 파악해야 한다.

❗행동하기

소유하고 있는 물건을 살펴보라. 어떤 감정 때문에 그 물건을 구매하게 됐는가? 소유해야 한다고 생각하지만 소유하지 않은 물건은 무엇이며, 그 이유는 무엇인가? 사회경제적 관점에서 생각할 때 어떤 부분에서 편안함을 느끼는가?

월마트 창립자 샘 월튼은 한때 미국 최고의 부자로 무엇이든 살 수 있는 사람이었다. 그는 부자가 되었음에도 자신의 생활 방식을 바꾸지 않은 것으로 전설로 남았다. 그는 수조 원의 자산을 모으는 동안에도 소박한 집에서 살고, 낡은 픽업트럭을 몰며, 매일 2성급 호텔에서 아침을 먹었다. 내가 존경하는 것은 그의 검소함이 아니라 자신의 모습에 대한 평화로운 인식이다. 농부로 자란 그는 자신이 좋아하는 생활 방식을 버릴 이유를 찾지 못했다.

당신이 원하는 삶의 재정적 현실을 결정했다면 이제 그런 생활을 하는 자신의 모습을 상상할 수 있어야 한다. 사회경제적 지위와 자신을 밀접하게 연관해 생각하므로, 자신의 모습을 그려볼 수 없다면 어느 부분에서 왜 그러한지 스스로에게 물어보면 좋다.

이 전략의 심리는 복권 당첨자에게서 볼 수 있다. 복권 당첨자가 얼마나 빨리 파산하는지를 살펴보라. 한 연구는 당첨자의 70퍼센트가 5년 내에 당첨금을 모두 잃거나 써버리며, 3~5년 이내에 파산할 가능성이 높다는 결과를 밝힌다. 왜 그럴까? 그들은 스스로를 부유한 사람이라고 생각하지 못하기 때문에 부를 지킬 수 없었다. 인지 부조화인 것이다. 많은 재산을 물려받은 사람들에게도 대개 같은 일이 일어난다. 그렇기 때문에 자아상을 조정하며 천천히 부를 쌓는 것이 좋다.

현재 연간 5000만 원의 수입을 올리고 있는데 승진을 하며 수입이 열 배로 늘어난다면 조심하라. 이는 너무 큰 도약일 수 있다. 월 400만 원을 벌다가 월 4000만 원을 벌게 되면 대부분의 사람들이 복권 당첨자와 같은 상태에 놓이게 될 것이다. 수입 증가라는 목표를 품지 말라는 것이 아니라, 지금과 매우 다른 수준의 재정 상태를 달성할 때 경험할 수 있는 현실을 보여주기 위해 이 말을 하는 것이다. **정신적** 현실을 바꾸지 않으면 **실제** 현실을 바꾸는 것은 더 어렵다. 반대의 경우도 마찬가지다. 노력해서 한번 부를 일궈본 사람은 모든 것을 잃더라도 비교적 빨리 다시 정상에 오른다.

다시 말하지만, 중요한 것은 자신의 마음이 진정으로 평화로운 곳과 삶의 원동력을 느끼는 곳을 찾는 것이다. 갑자기 은행 계좌에 100억 원이 들어온다면 어떻게 하겠는가? 어떻게 생활하겠는가? 어떤 것이 정말 편안할까? 샘 월튼은 예전과 다름없이 살았다. 수입이 늘어났지만 생활 방식에는 거의 변화가 없이 가족을 돌보고 사업을 성장시키는 데 돈을 투자했다. 나는 화려한 차를 소유하고 운전하는 나의 모습을 상상할 수 없기 때문에, 그것이 내 자아상에 맞지 않기 때문에 화려한 차를 꿈꾸지 않는다.

🔲 행동하기

재정적 현실을 바꾸려면 실제로 그 현실이 어떻게 보이고 느껴질지 정신적으로 받아들여야 한다. 지금과 다른 사회경제적 생활 방식으로 살아가는 자신을 상상할 수 있는가? 원하는 것을 사고 그것을 누리며 살아가는 자신을 상상하면 실제로 기분이 좋아지는가?

부의 문화를 경험해보라

1984년부터 1995년까지 방영된, 로빈 리치Robin Leach가 진행하는 「부자와 유명인의 라이프스타일Lifestyles of the Rich and Famous」이라는 TV 프로그램이 있었다. 시청자들이 자신이 부자가 되었을 때 첫 번째로 상상한 모습은 샴페인과 캐비어를 즐기는 삶이었다. 방송에는 파스텔톤 롤스로이스들이 늘어선 차고, 순금 화장실, 360도 회전하는 안방 등 막대한 부를 바탕으로 꾸민 우스꽝스러운 시설이 등장해 수많은 시청자의 호기심을 불러일으켰다. 이 프로그램은 사실 영감을 주는 프로그램이라기보다는 괴짜 쇼에 가까웠다. 나도 수많은 고급 자동차가 있는 대저택과 차고를 가봤지만 정말 번잡하다는 느낌을 주로 받았다. 이는 내가 시간과 돈을 쓰고 싶은 곳이 그들과는 달라서일 것이다.

나는 와인을 좋아해서 고급 와인 시음회와 이벤트에 참석하곤 한다. 하지만 그곳이 내가 있을 곳은 아니라는 것을 잘 안다. 내가 영감을 받는 곳은 모험심 강한 친구들과 함께하는 산악자전거 경주나 트레일 러닝이다.

사회경제적으로 영감을 얻고 매력을 느끼는 곳을 찾으려면 그런 환경을 경험해봐야 한다. 예술가나 뮤지션의 삶을 꿈꾸는 은행원이라면 예술가와 어울려보라. 처음에는 불편할 수 있지만 그 문화에서 편안함을 느낄 수 있는지 판단하려면 직접 경험해봐야 한다. 상류 사회를 맛보고 싶다면 그런 모임에 초대를 받거나 참가하기 위해 비용을 지불해야 한다. 나는 항상 경험하고 싶은 문화와 관련 있는 사람을 찾아서 그들에게 초대받는 방법을 택하곤 했다. 부담감과 거절당할 가능성을 무릅쓰고 부탁하면, 자신이 속한 모임에 당신을 초대하고 싶어 하는 사람들을 찾을 수 있을 것이다. 마음을 열어 다른 사회 집단, 문화와 어울리고, 거기서 당신이 몰랐던 매력을 발견해보라. 놀라운 경험을 할 수도 있다.

⭑ 행동하기

어떤 사회 집단을 접해본 적이 있는가? 그곳에서 어떤 느낌을 받았는가? 어떤 분야와 문화에 관심이 있으며, 그들과 어울릴 기회는 어떻게 얻을 수 있을까?

요약

○ **돈:** 돈의 핵심은 주로 구매력과 소유이다. 돈은 안전성과 미래에 대한 보장, 문화적 지위의 근원이기도 하다.

○ **유전과 환경의 영향:** 돈, 소유물, 지위와 관련해 가족 내에 특정한 사고방식이 있었는가? 두려움이나 믿음이 있었는가? 가족에게 돈이 어떤 의미였는지 파악하는 것은 재정에 대한 당신의 태도를 조정하는 데 중요한 전환점이 될 수 있다. 또한 그동안 고수해 왔지만 더는 도움이 되지 않는 뿌리 깊은 가치관을 바꿀 통찰

력을 얻을 수 있다.

O **동기를 부여하는 것:** 과거와 현재의 환경에서 벗어나 자신이 버는 돈, 지출 방식, 소유물에 대해 어떤 감정을 느끼는지 제대로 들여다보라. 돈을 버는 동기가 무엇인지 주의 깊게 살펴라. 지위, 자아상, 성과, 실용성, 창의적 욕구 중 어떤 것에 이끌려 돈을 버는 것인가? 돈을 버는 동기를 깊이 들여다보면 당신이 지닌 주요한 가치관을 파악하는 데 도움이 될 것이다.

O **자신의 모습을 그려보라:** 목표를 실현했을 때 어떤 모습과 느낌일지 생생히 그려볼 수 없다면 재정적 현실을 바꾸기는 매우 어렵다. 의도적으로 관점을 바꾸려 노력하지 않으면 익숙한 현실에 안주하게 된다.

O **돈의 영역:** 우리는 돈을 벌고, 구매하고, 무언가를 소유하는 데 기존의 방식으로 자기 자신을 바라본다. 다른 사회 집단과 문화를 경험하며 돈에 대한 생각을 바꾸고 영감을 얻도록 노력해보자.

9장
성취
남이 아닌 나를 위해 해내는 것

○
누구에게나 각자만의 위대함이 있다. 남들보다 탁월한 자신만의
영역에서 우리는 고유하게 위대하다.

4장에서 언급했던 호주의 간호사 브로니 웨어는 수년간 호스피스 환자를 돌봤다. 그녀는 임종을 앞둔 사람들이 가장 많이 하는 말이 "남들이 기대하는 삶이 아니라 나 자신에게 진실한, 내가 원하는 삶을 살 용기가 있었으면 좋았을 텐데"[1]였다고 한다.

2022년에 나는 팟캐스트에 다니엘 핑크를 초대해 그의 저서 『후회의 재발견』에 대해 이야기를 나눴다.[2] 브로니는 더 이상 후회를 바로잡을 시간이 없는 임종을 앞둔 사람들을 대상으로 연구를 진행했지만, 다니엘은 후회를 바로잡을 시간이 있는 각계각층의 다양한 사람들을 연구했다. 그는 모든 후회가 네 가지 범주에 속한다는 것을 발견했으며, 그중 하나를 "대담성 후회Boldness Regrets"[3]라고 명명했다. '그녀에게 데이트 신청을 했더라면' '그때 사업을 시작했

더라면'처럼 더 대담한 결정을 하지 못했다는 후회다. 다니엘은 사람들이 영원히 살 수 없다는 사실을 깨닫고 '내게 언제 그런 기회가 또 올까? 그때 내가 기회를 잡았더라면 좋았을 텐데'라고 생각할 때 그런 후회가 온다고 설명했다. 이어서 다니엘 핑크는 기회를 잡았다가 실패한 사람들과 인터뷰한 결과, 그들이 실패를 했음에도 대체로 만족했다는 사실을 발견했다. 적어도 그들은 뭔가를 했기 때문이다.

우리가 '꿈'에 대해 이야기할 때 실제로는 '성취'를 이야기하는 것이다. 성취는 과거에도 지금도 원동력의 큰 원천이다. 우리는 종종 자신을 정의할 때 그간 자신이 성취한 것에 기반을 둔다. 그간의 성취에서 자부심을 느끼고, 무언가 성취하겠다고 기대하고 노력하면서 큰 영감을 얻는다. 반대로 성취한 것이 별로 없고 기대하는 것이 없다면 삶의 모든 부분에서 전반적인 원동력은 큰 타격을 받는다.

나는 매일 작가, 출판사, 에이전시로부터 여러 작가들의 팟캐스트 출연 제안을 받는다. 문의를 받으면 나는 항상 그 사람의 새 책과 이력에 대해 묻는다. 이력에는 어떤 내용이 있을까? 이력은 그 사람의 성취를 보여준다. 부고 기사에는 무엇이 있을까? 한 사람의 성취가 담겨 있다. 이력서에는 무엇이 있을까? 역시 한 사람의 성취가 담겨 있다.

최근에 벤 스틸러가 주연한 2013년 영화 「월터의 상상은 현실이 된다」를 다시 봤다. 영화에서 그는 데이트 사이트의 프로필을 작성하려고 한다. 사이트 직원의 도움을 받아 자신에 대한 소개를 보완하는 과정에서 그는 자신이 아무것도 한 일이 없다는 사실을 깨닫게 된다. 말 그대로 그는 그저 평범한 삶을 살 뿐 특별한 일을 해본 적도, 여행 한 번 가본 적도 없었다.

당신은 한 사람의 가치를 그 사람이 아닌 그가 한 일로 판단한다는 개념에 반대할지도 모른다. 그에 앞서 나는 당신이 한 것과 하지 않은 것으로 스스로를 판단한다는 점을 지적하고 싶다. 후회에 대한 연구를 다시 한번 주목하자. 당신은 좋은 사람이 되고 싶고, 자신에게 진정으로 중요한 일을 하고 싶어 한다. 많은 사람이 '인생의 의미는 무엇인가'와 '나는 무엇을 위해 여기에 있는가'라는 질문에 대해 의미 있는 관계를 맺고 가치 있는 일을 성취하는 것이라 답할 것이다. 성취란 성취를 위해 타인과 경쟁하는 것이 아니라 스스로에게 주는 선물이다.

얼마 전 큰 산악자전거 대회에 참석했는데, 주 대회는 바위가 많은 고지대의 산길 80킬로미터를 달리는 행사였다. 430명이 참가한 대회에서 우승자는 3시간 35분을 기록하며 완주했다. 13위는 우승자보다 30분 이상 늦게 완주했고, 마지막 완주자는 5시간을 넘겨서 완주했다. 소수의 사람들은 상금을 놓고 경쟁했지만, 나머지는 단지 자기 자신에게 무언가를 증명하고 자랑스러움을 느끼기 위해 참가했다. 전 세계에서 열리는 여러 대회에서도 같은 모습을 볼 수 있다. 시상대에 오르기 위해 경쟁하는 사람들이 있고, 그보다 많은 수천 명의 사람들이 오직 자기 자신이 자랑스러워하는 무언가를 성취하기 위해 그곳에 모인다.

건강을 위해 노력하는 한 사람을 예로 들어보자. 러너들 사이에서는 5킬로미터를 걷는 것이 대수롭지 않을 수 있지만, 건강 증진을 위한 첫걸음으로 이 대회에 참가하는 사람에게는 그 거리를 걷는 것만으로도 큰 성취이다. 이 사람이 또 5킬로미터 대회에 등록해서, 이번엔 걷는 대신 느리게 달려 완주했다고 상상해보자. 결승선을 통과할 때 미소를 지을 수 있는 것은 틀림없는 진전이며, 그것은 오로지 자신만을 위한 것이다. 그는 위대한 일을 해냈고, 진전을 이루었다!

자신을 돌보지 않던 사람이 5킬로미터를 걸어서 완주하고, 그다음에는 달리면서 같은 거리를 완주하는 경험은 그에게 개인적인 성취감을 안겨줄 것이다. 그리고 그가 이 경험에서 얻은 영감으로 세상이 혜택을 받게 될 것이다. 그는 더 많은 자신감을 품고, 달라진 능력으로 이렇게 생각할 것이다. '나는 5킬로미터 대회에 참가할 수 있는 사람이다. 나는 정신적, 신체적으로 나를 훈련해서 내 능력으로 5킬로미터를 완주할 수 있는 사람이다'라고 생각하는 것이다. 그는 더 행복해지고 부모, 배우자, 친구, 동료, 상사에게 영감을 줄 수 있다.

셰릴 크로의 노래에 이런 구절이 있다. "아무도 다치지 않고 행복할 수 있다면 그렇게 나쁘지는 않죠." 사실 나는 한 단계 더 나아가 그렇다면 매우 즐거운 일이라고 말하고 싶다. 운동이란 사실 성취를 얻기 '쉬운' 경험이다. 모건 프리먼과 잭 니콜슨이 주연한 2007년 영화 「버킷 리스트」는 인생의 마지막을 앞두고 자신에게 가장 중요한 것을 성취하고자 하는 두 노인의 삶을 보여준다. 많은 사람들의 버킷리스트가 그렇듯 두 사람의 버킷리스트도 성취가 아닌 경험으로 이루어져 있다. 하지만 대부분의 훌륭한 경험은 평범하지 않으며, 자신의 '컴포트 존'에서 벗어난 일을 할 때 일어난다.

다양한 버킷리스트 중 인기 검색어에 오른 다른 버킷리스트 항목으로는 마라톤 달리기, 아프리카 사파리 여행, 악기 연주 배우기, 스카이다이빙 등이 있다. 모두 돈과 시간, 불편함을 감수해야 하는 활동이다. 그리고 이러한 활동은 모두 성취감과 자부심을 느끼게 하는 범주에 드는 일이다.

하지만 우리가 가장 자랑스러워하는 성취는 거창하게 스카이다이빙을 하는 모험이 아니라, 중요한 의미가 있는 인생의 사건들일 때가 많다. 어렸을 때 스포츠 경기에서의 우승, 대학 입학, 직장 취직, 결혼, 아이 출산, 사업 시작, 책 저술 등일 수 있다. 여기서 한 가지 강조하자면, 다른 사람들이 가치 있다고 생각하는 것에 자신을 비교하지 말길 바란다. 당신을 위한, 당신만을 위한 성취를 고민하라. 내년이 되어 지난 1년을 돌아볼 때 새롭게 성취한 것이 없다면 당신은 괜찮을까? 5년 후 지금을 되돌아봤을 때 새로운 성취가 없다면? 10년 후에도 없다면? 5년 후에 죽는다는 사실을 안다면 당신은 어떤 성취를 이뤄내고 싶은가? 다소 지나칠 수 있는 질문이지만 생각을 자극하는 데 필요한 질문들이다.

그리고 우리가 이루는 성취는 현실 세계에서 사람들에게 신뢰를 준다. 매일 나에게 전해지는 저자들의 약력 이야기를 해보자. 자기소개는 정말 중요하다. 아직 성취한 것이 많지 않고 관련된 사람들의 소개가 거의 없는 지원자의 경우, 나와 나의 팀이 이 사람을 검증하는 데 많은 노력을 들여야 하기 때문에 지나치고 다음 지원자를 살펴본다. 이전 직장에서의 성공적인 경력, 명문 대학 학위, 주대표 풋볼 선수로 활약했다는 등의 성과가 있으면 고용주나 인사관리자의 선택이 훨씬 쉬워진다. "고등학교를 졸업하고 이러한 직장들에서 성공적으로 직책을 수행했습니다"라는 말은 보는 이의 시선을 잡는다. 당신 자신과 당신의 성과들이 지닌 가치는 테슬라에 대한 초기 투자보다 훨씬 더 큰 수익을 가져다준다. 그 가치는 엄청나게 거대하다.

당신의 유전자는 무엇을 성취했을까

대부분의 인류는 가문의 성취에 따라 큰 명예를 얻기도 하고 수치심을 느끼기도 했다. 돈이나 재산을 물려받는 것보다 더 중요한 것은 선조들이 남긴 성취라는 유산이었다. 1900년대 중반까지만 해도 대부분의 사람들은 조부모와 증조부모의 역사와, 그들의 성취에 대해 알고 있었다. 선대가 이룬 업적은 부고 기사로 기록되고 가족 모임에서 이야기로 전해졌다. 증조할머니가 작은 마을을 구한 성인이라는 사실을 알게 된다면 가족에 대한 자부심을 느끼게 될 것이다. 증조할아버지가 베스트셀러 작가였고, 그 뒤를 이은 가족 모두가 베스트셀러 작가였다면 후손이 베스트셀러 작가가 되는 데 이점이 있을까?

자신감은 정신적인 것이며, 6장에서 다룬 것처럼 주로 자신에 대한 확고한 믿음에 기반을 둔다. 우리는 보이는 것을 믿는 경향이 있다. 아이를 유치원에 보내면 아이가 무엇을 잘하고 못하는지에 대한 의견을 교사로부터 금방 받게 된다. "아이가 미술과 국어는 잘하지만 수학은 정말 어려워해요." 이 말을 듣는 순간 아이는 미술과 국어에 자신감을 가지게 되고 산수 숙제를 할 때는 자신의 실력을 의심하게 된다. 아이는 미술과 국어에 더 많은 노력을 기울이고 수학은 기피하게 되면서 교사의 말은 사실로 굳어진다. 하지만 사실 그림 그리기 숙제가 있었고 최근 이모와 함께 집에서 그림을 그렸기 때문에 미술을 잘했다고 가정해보자. 국어는 전날 밤 아빠가 우연히 읽어준 「빨간 망토」 동화 덕분에 다음 날 수업에 준비가 잘 되어 있었다고 해보자. 수학 시간에는 한 아이가 주머니에서 사탕을 몰래 꺼내는 것에 정신을 빼앗겼는지도 모른다. 하지만 주사위는 이미 던져졌다. 아이는 입학 후 교사의 첫 번째 의견에 영향을 받아 특정 영역에 더 집중하고 자신감을 갖게 되었기 때문에, 한 해 대부분의 기간 동안 수학보다 미술과 국어에서 더 좋은 성적을 거둘 것이다. 시간이 지나면 아이의 진정한 재능이 드러날 수도 있겠지만.

다시 원래의 질문으로 돌아가보자. 베스트셀러 작가가 집안에 있으면 자신도 책을 쓸 수 있다는 자신감을 품을 수 있을 것이다. 하지만 유창한 단어 구사력과 이해력, 창의력에 유전의 이점이 있을까? 정말 뇌에 다른 사람들에 비해 더 잘 글을 쓰는 능력이 있을까? 이것이 입증되었는지 또는 입증될 수 있는지는 확실하지 않지만, 나는 유전적으로 도움이 된다고 말하고 싶다. 이에 대해서는 6장에서 언급했다. 전투기 조종사 집안 출신이라면 체리 냄새에 대한 공포를 유전하는 쥐처럼 눈과 손의 협응력, 빠른 계산, 주변 시야, 높은 불안감 관리를 담당하는 뇌 영역이 개발되어 후대에 유전됐을 가능성이 매우 높다. 대뇌가 이 부분을 담당하고 있다. 반면에 전업 작가의 뇌에는 창의력, 상상력, 기억력을 담당하는 뇌 부위인 해마가 더 많이 발달한다고 알려져 있다.

따라서 선대의 훌륭한 성취는 현재의 우리에게 도움이 된다. 특정 전문 분야에 대한 이점과 성향을 물려받기도 하거니와, 한 분야에서 성공을 거둔 정신적 강인함은 어떤 분야에서든 높은 성취를 추구할 때 도움이 될 것이다.

❗행동하기

당신의 선대에서 어떤 성취가 이루어졌는가? 당신의 성향에 대한 단서를 제공할 수 있는 선대의 이야기를 알고 있는가? 당신이 선대에 대해 모르거나 가족이 많은 것을 성취하지 못했다고 해도 괜찮다. 이제 당신에게서 성취가 시작될 것이기 때문이다.

7장에서 우리는 자녀가 부모의 직업적 발자취를 따르는 경향을 살펴보았다. 이러한 경향은 부모의 성취를 보고 자녀가 나도 할 수 있다는 생각을 가지게 되기 때문이다. 나의 외할머니는 영어를 공부하셨고 시를 몇 편 발표하셨다. 어머니는 여러 권의 책을 쓰셨고, 아버지 또한 여러 베스트셀러를 쓴 작가이자 강연가, 코치, 팟캐스트 진행자로 활동 중이시다. 내 커리어의 대부분은 글쓰기를 중심으로 이뤄진다. 나 또한 아버지처럼 강연가, 코치, 팟캐스트 진행자로 활동하고 있다. 나의 두 형제도 모두 비슷한 분야에서 영향력을 발휘하고 있다. 내 아이들도 글을 써서 다른 사람들에게 영향을 끼치고 싶다고 말하고 있고 그렇게 노력 중이다. 나의 아내는 연구 논문을 여럿 발표했다. 우리 부부는 글쓰기, 책, 팟캐스트, 사회적 영향력에 대해 자주 이야기하는데, 이는 우리 가족 환경의 한 부분이며 아이들도 이런 이야기를 거부감 없이 편하게 듣는다. 하지만 내 아이들 중 누구도 천체물리학에 대해서는 생각해본 적이 없고, 천체물리학이라는 이름 외에는 천체물리학에 대해 아무것도 모른다!

같은 맥락에서 형제자매, 친한 친구 또는 대가족의 성취에 힘을 얻은 적이 있는 사람은 얼마나 될까? 통계적으로 볼 때, 누군가가 높은 성취를 이루면 그 사람과 가장 가까운 사람들은 자신도 높은 성취를 할 수 있다는 용기를 얻거나, 반대로 성취에 대한 압박감을 느끼기 싫어서 거리를 두는 것으로 나타났다. 물론 이 글을 읽는 당신은 전자에 해당한다.

　당신의 성장 환경에 사회적으로 높은 성취를 한 사람이 없더라도(큰 상을 받았거나 이름을 알리는 등), 주변 사람들이 지닌 긍정적인 자질과 그들이 보이는 일상적인 노력에서 무언가를 깨달을 수 있다. 그들은 정말 탄탄하게 경력을 쌓았거나 자녀를 잘 키웠을 수도 있다. 지역사회에서 봉사를 했을 수도 있다. 그들의 취미와 관심사, 그들이 시간과 노력을 투자한 분야를 살펴보라. 그들이 시도했지만 성공하지 못한 것들을 무시하지 마라. 그들이 새로운 시도를 했다는 사실 자체가 성과이다. 누군가 사업을 시작했지만 별다른 성공을 거두지 못했다 해도, 우리는 그의 삶에서 그래도 한번 해보겠다는 용기를 느낄 수 있다. 투지와 인내, 낙관주의와 근성의 예를 주변에서 찾아볼 수 있다. 자녀를 잃고 슬픔에 빠졌지만 다시 일어선 한 아버지의 이야기도 우리가 앞으로 나아갈 길을 찾는 데 영감을 얻을 수 있는 큰 성취이다.

❗행동하기

부모님이나 양육자가 어떤 성취를 했는지 알고 있는가? 이른바 '큰 성취'는 아니라 하더라도, 그분들의 삶에서 어떤 결실을 확인할 수 있는가?

자의식을 경계하라

10년 전, 나는 높은 성취를 이룬 사람들로 구성된 조직의 일원이었다. 그 조직의 이름과 구성원은 여기서 밝히지 않겠다. 그때 나는 그 조직에 속한 대부분의 사람들이 상당히 지적이고 자의식이 강하며 유능하다고 생각했다. 하지만 한 사람이 있었다. 상당히 우둔하고, 사회적으로나 개인적으로 부주의하고, 심지어 다소 오만하기까지 한 사람이었다. 이 사람은 결과적으로는 그 조직에 속한 거의 어떤 사람보다 더 많은 것을 성취해냈다. 자신이 무언가를 할 수 없다는 것을 알지 못할 정도로 바보스러웠던지라, 나머지 사람들이 자신의 능력을 스스로 폄하하는 동안 그가 그냥 일을 해버렸기 때문이다. 그 경험을 통해 나는 사람들이 더 똑똑하고 자의식이 강할수록 자신을 더 깎아내린다는 결론을 내리게 됐다. 그들은 도전 과제와, 앞으로 일어날 문제들을 미리 알 수 있을 만큼 똑똑하지만, 이러한 통찰력 때문에 시도조차 하지 않는 경우가 많다. 너무나도 사실이어서 화가 나는 깨달음이었다. '무식하면 용감하다'는 말처럼 무지가 종종 나을 때도 있다.

　영화 「포레스트 검프」에서처럼 엄마가 자식인 우리에게 '너는 특별하다'고 말해준다면 검프가 그랬던 것처럼 우리는 종종 무지하면서도 더 잘 지낼 수 있을 것이다. 검프 엄마의 말은 옳았다. 다른 사람보다 특별하다는 뜻이 아니라 특정 분야에서 특별하다는 뜻이었으니까. 우리는 인간으로서 다른 사람보다 모든 면에서 다 뛰어나

235

지는 않아도, 특정 분야에서는 노력을 기울여 다른 이들보다 더 잘할 수 있다. 나는 누구에게나 각자만의 위대함이 있다고 굳게 믿는다. 다른 사람보다 더 위대하다는 것이 아니라 남들과 차별화되고 남들보다 탁월할 수 있는, 남들과 다른 위대함 말이다. 따라서 남들보다 더 위대하기 때문에 위대한 일을 하는 것이 아니라, 남들보다 탁월한 자신만의 영역에서 우리는 고유하게 위대한 일을 하는 것이다. 그것은 우리 모두가 할 수 있는 일이며, 우리가 받아들이기만 한다면 우리에게 예정된 운명이다.

자신의 위대함과 능력을 받아들이는 데 가장 큰 장애물은 자신의 능력을 사용할 책임을 저버리는 것이다. 작가이자 정치 운동가인 메리앤 윌리엄슨은 "우리가 가장 두려워하는 것은 우리가 부족하다는 것이 아니다. 우리가 측정할 수 없을 정도로 강하다는 것이다. 우리를 가장 두렵게 하는 것은 어둠이 아니라 우리의 빛이다"[4]라고 말했다. 우리는 자신의 능력을 받아들이고 위대한 성취를 이룰 수 있는 능력이 있다고 말해도, 실패하거나 실망할 가능성을 열어 둔다. 우리는 시도하지 않는 것이 더 안전하다고 생각한다. 우리는 새로운 것을 시도할 때 얼마나 위험할지를 먼저 고려한다. 시도하지 않을 때의 위험을 고려하지 않고 현재에 머무른다. 무언가를 하고 실패하는 것보다 아무것도 하지 않을 때 따르는 부정적인 결과가 더 큰 경우가 많다. 후회에 관한 모든 연구 결과에서 알 수 있듯이, 우리가 가장 후회하는 것은 하지 않은 일이다.

"별을 향해 쏴라Shoot for the stars!" 즉, 높은 목표를 향해 도전하라는 표현이 있다. 지구에서 가장 가까운 별인 프록시마 켄타우리는 4.3광년 떨어져 있다. 지금까지 미 항공우주국은 38만 4400킬로미터 떨어진 달에 '겨우' 도달했다. 초라한 결과는 아니다. 이제 많은 사람이 7800만 킬로미터 떨어진 화성에 가기를 꿈꾼다. 누군가가 이제 시도할 준비가 되었다고 말하면서 달 너머로 조금만 더 갔다면, 화성 탐사에는 실패한 것이겠지만 지금까지 다른 어떤 인간보다 더 멀리 간 것일 것이다.

부정적 판단과 비교는 성취를 가로막는 주요 장애물이다. 우리는 우리가 진정으로 원하는 성취를 부정적으로 판단하는 경향이 매우 강하다. 성취할 수 없으면 가치가 없다고 판단하고 시도하지 않는다. 그러나 자신이나 다른 누구에게도 그런 생각을 정당화하지 않아야 한다. 고양이가 노래를 하거나 훌라후프를 돌리도록 훈련시켜 「아메리카 갓 탤런트」에 출연하고 싶다면 그 열망을 믿으라. 도전에서 얻는 것은 인생의 모든 측면에 도움이 될 것이다.

특히 남과 나를 비교하지 말라. 모든 사람의 성취가 전 세계에 공개되는 오늘날의 문화에서 비교는 매우 치명적이다. 나는 매주 나보다 나이가 어린 게스트들과 함께 방송을 진행한다. 그들은 인생에서 많은 역경을 겪었지만 때로는 더 많은 돈, 더 많은 명성, 더 나은 관계, 더 많은 기쁨과 성취감을 얻는 등 나보다 더 많은 성공을 거두었다. 이런 이들을 보며 나는 마음의 평화를 얻으려 노력하고 이들에 대한 열패감을 극복해야 했다.

성취를 가로막는 장애물을 뛰어넘는 유일한 방법은 용기를 품

는 것이다. 두려움은 어쩔 수 없으니 겁이 나더라도 그냥 도전해야
한다.

♟행동하기

원하는 것을 포기한 적이 몇 번이나 있는가? 목표까지의 도전이 합리적이
지 않다는 이유로 시도하지 않는 상태를 정당화한 적이 몇 번이나 있는가?
무엇이 두려운가? 누가 당신의 실패를 보게 될까 봐 두려운가? 모든 두려
움을 극복할 수는 없다. 그러나 그 두려움이 당신을 멈추게 할 것인가, 아니
면 그럼에도 그냥 시도해볼 것인가?

기꺼이, 나를 위해 시도하자

콜린 오브레이디Colin O'Brady는 프로 철인 3종 경기 선수였으며 현
재는 세계 신기록을 열 번이나 경신한 탐험가이다. 그는 세계 최초
의 무지원 단독 남극 횡단, 탐험가 그랜드 슬램, 7대륙 최고봉 등정
속도 기록, 최초로 인간의 힘으로 노를 저어 드레이크 해협을 횡단
한 기록 등을 남겼다. 코로나19 팬데믹 기간 동안 그는 남극 횡단과
에베레스트산 등반에서 영감을 얻어 두 번째 저서인 『12시간의 걸
음The 12-Hour Walk』을 썼다. 이 책은 "당신의 에베레스트는 무엇인가
요?"라는 질문에 기반을 둔다. 나는 2022년 여름에 콜린을 팟캐스
트에 초대했고, 우리는 왜 어린 시절에는 큰 계획을 세우지만 커서

는 그저 저녁과 주말에 가족들과 즐거운 시간을 보내고 좋은 곳에서 휴가를 보내려는 소박한 희망만을 품고 현실에 굴복하는지에 대해 이야기를 나누었다.[5] 나는 '전성기'라는 어른들의 개념, 즉 젊을 때 최상에 오르지만 그 이후에는 대부분 즐거움이 다 끝난다는 개념에 화가 났다.

한동안 스포츠 대회에 출전하지 않다가 2014년에 오프로드 듀애슬론 대회에 가족들과 함께 참가했었다. 세 번을 왕복하는 경기였는데, 경기 내내 응원해주는 아이들을 볼 수 있어서 재미있을 거라고 생각했다. 하지만 막상 도착했을 때는 내가 고작 몇 번 지나가는 모습을 보게 하려고 온 가족을 하루 종일 길에 서 있게 한다는 사실에 약간의 죄책감이 들었다. 하지만 그건 내 생각일 뿐이었다. 아이가 내가 레이스를 완주할 때 함께 달리며 나를 응원하는 영상이 남아 있다. 시간이 더 지난 뒤, 아이들은 자녀들에게 영감을 주려는 아빠의 모습을 보고 얼마나 큰 영감을 받았는지 내게 말해주었다. 아이들의 말에서 나는 어린 시절 나 또한 당신들이 좋아하는 일을 추구하는 부모님을 보고 자랐다는 사실을 떠올렸다. 부모님은 좋아하는 일을 시도하고 때때로 실패했지만 결과에 상관없이 계속 이어가셨다. 이런 삶을 보는 것은 자식으로서 받는 가장 큰 선물 중 하나였다. 부모님 덕분에 나에게도 무언가를 시도하고 완벽하게 성공하지 못하더라도 좌절하지 않을 수 있는 믿음이 생겼다. 우리가 추구하는 성취는 우리 자신만을 위한 것이 아니라 다른 사람들에게 영감을 준다. 그 성취는 다른 사람들에게나 자신에게나 의미 있는 일을 시도할 수 있도록 용기를 준다.

이제 자신에게 솔직해져야 할 때이다. 자유로워져라. 자신이 정말 하고 싶은 일을 하라. 시도라도 해보라. 일기를 꺼내서 자신의 생각을 써보라. 생각나는 대로 친구와 이야기를 나눠보라. 산책을 하라. 콘서트나 스포츠 경기를 보러 가거나 춤을 추러 가라. 자신을 벗어나 더 넓고 자유롭게 생각할 수 있는 무언가를 하라.

다시 강조하지만, 무언가 시도하는 데 엄청난 노력이 필요하다는 생각에 사로잡히지 마라. 중요한 것은 세상에 깊은 인상을 남기는 것이 아니라 내 영혼에 생명과 성취감을 주는 것이다. 하지만 너무나 힘들게 느껴지고 자신의 능력에 의문이 든다면, 자신감을 키우기 위해 작은 일부터 해보라.

『메디치 효과』를 쓴 프란스 요한슨은 뛰어난 기업가들이 다른 사람들보다 본질적으로 더 능력이 뛰어나다고 생각하지 않는다고 말한다. 그들은 그저 일반인보다 더 많은 것을 기꺼이 시도할 뿐이었다. 그러니 평범함에 안주하지 말고 더 많은 것을 시도해보라.

⚲ 행동하기

당신의 에베레스트는 무엇인가? 당신에게 영감을 주고 자부심을 느끼게 하는 것은 무엇인가? 도전하기에는 너무 늦었다는 생각으로 시도하지 않았을 때 어떤 후회가 남을 것 같은가? 이력이나 부고에 어떤 내용을 담고 싶은가? 자기 소개 글에 추가하면 정말 멋질 것 같은 경험은 무엇인가?

영화 「포레스트 검프」로 돌아가보자. 포레스트가 사랑하는 제니에게 청혼을 하지만 제니는 거절한다. 다음 날 아침 포레스트가 깨어나기 전에 제니는 마을을 떠난다. 다음으로 포레스트가 자신의 집 앞 자갈길을 슬프게 바라보는 장면이 이어진다. 마침내 포레스트는 일어나서 몇 걸음을 내딛다 이내 힘차게 뛰기 시작한다. 그는 훗날 공원 벤치에서 우연히 이야기를 나누게 된 한 여성에게 "그날 특별한 이유 없이 달리기를 하기로 결심했어요"라고 말한다. 결국 그는 미국 전역을 달린다.

이 영화는 베트남전쟁이 끝나고 사람들이 삶의 의미를 질문하던 시기를 배경으로 한다. 포레스트가 계속해서 달리자 사람들은 그를 주목했다. 언론은 포레스트에게 관심을 보였고, 어느새 많은 사람들이 포레스트의 뒤를 따라 각자의 여정을 만들어 나가고 의미를 탐구하기 시작한다. 그들은 포레스트에게 조언을 구하고 그가 하는 일에 의미를 부여했다. 포레스트가 어떤 원대한 목적을 지녔는지에 대한 의문은 포레스트가 기자들에게 둘러싸인 다리를 건너면서 절정에 달했다. 사람들은 그에게 왜 달리는지 묻고, 그가 대답하기도 전에 세계 평화, 노숙자, 여성 인권, 환경 또는 동물을 위한 것인지 질문을 퍼붓는다. 마침내 포레스트는 "그냥 달리고 싶어서요"라고 싱겁게 대답한다. 공원 벤치에서 한 여성에게 그때의 이야기를 들려주면서 그는 "기자들은 특별한 이유도 없이 그렇게 달리는 사람이 있다는 걸 믿지 못했어요"라고 말한다.

지금까지 이 영화를 여러 번 봤지만, 내 생각에는 제니를 잃은 아픔을 달래기 위해, 혹은 어머니를 잃은 아픔을 달래기 위해, 아니면 삶의 고통에서 벗어나기 위해 달렸을 것이다. 아니면 그의 말대로 "그냥 달렸을" 수도 있다. 원작자인 윈스턴 그룹만이 대답할 수 있을 것 같다. 아니면 그도 몰랐을 수도 있다.

나는 포레스트의 예를 들어 당신이 원하는 성취를 포기하는 것을 정당화하지 않고 받아들일 수 있도록 돕고자 한다. 사실 우리에게 진정으로 성취감을 주는 가장 진정성 있고 순수한 성취는 '특별한 이유 없이' 하는 일이다. 우리는 언제나 이유를 만들려 하지만, '그냥 좋아서'라는 진정한 동기를 추상적으로 표현하는 것이다.

내 평생의 성취를 돌아보며 "왜 그것을 했는가?"라는 질문을 나 자신에게 한다면, 진실한 대답은 단지 "하고 싶었기 때문에"일 것 같다. 나는 왜 그것을 하고 싶었을까? 대답은 "잘 모르겠다"이다. 자기계발 정보를 팟캐스트에 올려 좋은 반응을 받는 지금의 내 일조차도 내가 관심이 있기 때문에 하는 일이다. 나는 내가 궁금해하는 책과 주제, 메시지를 찾아서 그에 대해 이야기한다. 사람들에게 도움도 되고 나 또한 수입을 올릴 수 있으니 아주 좋은 일이지만, 그에 상관없이 나는 내가 좋아하는 이 일을 계속할 것이다. 나는 앞서 내 연령대의 전국 산악자전거 선수권 대회에 출전하고 싶다고 말했다. 왜일까? 누구에게 도움이 될까? 세계 평화나 경제, 환경에 도움이 되는 일은 아니다. 그렇다면 내가 노력하는 모든 시간을 어떻게 정당화할 수 있을까? 그럴 수는 없다. 내 삶이고 내 욕망이니 더 이상 정당화할 필요가 없다. 이 목표를 추구한다고 해서 가족에 대한 책임을 소홀히 하지 않을 것이다. 하지만 사람들은 자주 불확실한 '책임'을 핑계 삼아 목표를 추구하는 데 소극적인 태도를 취한다. 자신의 책임이 진정 무엇인지, 그리고 누구에 대한 책임인지 스스로에게 질문해보기 바란다. 우리는 다른 사람에 대한 책임을 지긴 하지만, 나 스스로 자랑스럽게 여길 만한 성취를 우선시하는 것이 우리를 더 나은 사람, 더 행복한 사람으로 만든다. 그리고 그것은 관계된 모든 사람에게도 도움이 된다.

작가이자 강연가인 나의 오랜 친구 게리 바칼로는 저서 『소명 여행자』에서 마음의 진정한 욕망을 믿는 것을 강조한다.[6] 그것은 덧없고 스쳐 지나가는 것이 아니라, 우리에게 지속적이고 뿌리 깊이 남겨져 함께하는 것이다. 그것은 "나는 항상 …에 관심이 있었어요"에 대한 답이다. 순간적으로 떠오른 어떤 비전을 무시하지 말기 바란다. 그 욕망을 키워라. 자신이 원하는 목표의 완전한 의미를 파악하기 어려울 수도 있지만 괜찮다. "왜 그것을 했나요?"라는 누군가의 질문에 "모르겠어요, 그냥 정말 하고 싶었고 왠지 기분이 좋았어요"라고 대답할 준비를 하라. 그 정도면 충분하다.

🎙 행동하기

어떤 욕망을 왜 추구해야 하는지 완전히 정당화할 수 없어서 무시한 적이 있는가? 당신은 기분을 좋게 하고 영감을 주는 무언가를 즐기고 있는가?

하버드대학교의 한 연구는 인간이 말과 시각적 이미지 중 어느 쪽을 더 많이 생각하는지를 살폈다. 연구를 주도한 하버드대 심리학과의 엘리너 아밋과 하버드대 의과대학의 에벨리나 페도렌코는 사람들이 언어적 사고를 사용하라는 지시를 받았을 때에도 내면의 말과 함께 시각적 이미지를 만들어낸다는 사실을 발견했다.[7] 오늘날 소셜 미디어를 봐도 사람들은 사진과 시각적 이미지를 크게 선호한다.

미래에 무언가를 성취한 나의 모습을 그려보는 것은 매우 어려운 일이다. 물론 과거의 성취는 머릿속에 각인되어 있기 때문에 생생하게 기억할 수 있고, 오늘날 우리는 일반적으로 경험이 담긴 실제 사진을 갖고 있다. 하지만 현재 자신과 완전히 다른, 성취를 이룬 새로운 모습을 그려보는 것은 분명 어려운 일이다. 마음의 소망을 이룬 미래의 당신은 현재는 존재하지 않는다. 미래를 진정으로 마음속에 그린다는 것은 어려운 일이다. 하지만 성취에 대해서는 몇 가지 대체재를 사용할 수 있다.

우리는 마라톤, 철인 3종 경기 및 다양한 운동 종목에서 결승선을 통과하는 사람들의 모습을 사진뿐 아니라 동영상으로도 볼 수 있다. 대학을 졸업하는 사람들을 볼 수 있다. 50킬로그램을 감량한 사람들, 악기 연주를 배워 첫 연주회를 하는 사람들도 볼 수 있다. 당신이 염두에 두고 있는 성취가 무엇이든, 그것을 위해 노력하고 성취하는 사람들의 다양한 시각 자료를 찾을 수 있다. 그리고 많은 사진과 동영상 중에서 자신과 비슷한 사람을 발견할 수도 있다. 나와 닮은 외모, 나와 같은 느낌, 나와 같은 행동을 하는 사람들 말이다. 이 사람들을 통해 미래를 상상해보라.

이 글을 쓰는 지금, 나는 테이블에 앉아 사람들에게 미소 지으며 책에 사인을 해주는 내 모습을 사진으로 가지고 있지는 않다. 하지만 내 팟캐스트에 출연한 사람들이 그렇게 하는 사진을 수백 장은 봤다. 내가 알고 있고 친분을 쌓은 이 사람들의 사진으로, 나는 내 책에 사인을 해주는 나의 모습을 쉽게 떠올릴 수 있다. 익숙해져 있는 것이다. 당신도 마찬가지로 당신이 원하는 것을 성취한 사람들의 이미지를 떠올릴 수 있다. 그 이미지를 머릿속에 충분히 심어 두면 무의식적으로 자신의 얼굴을 그 이미지에 대입하고 심지어 그런 꿈을 생생하게 꾸게 될 것이다.

미래의 자신의 모습을 떠올리고 원하는 성취를 향해 노력해서 이루는 모습을 상상해보라. 그 이미지를 현재의 세계로 가져오라. 벽에 증거 사진들을 붙이는 탐정처럼, 모든 조각이 모여 결과를 드러낼 때까지 이 이미지를 연구하고, 숙고하고, 고려하라.

❗ 행동하기

당신이 원하는 것을 시작하고, 노력하며, 성취에 도달하는 사람들의 이미지는 어디에서 찾을 수 있는가? 어디에, 어떻게 배치하면 이런 이미지에 익숙해지고 머릿속에 심기 시작할 수 있을까?

다시 나의 부모님 얘기를 해보자. 아버지는 아미시 가정에서 태어났다. 하지만 오하이오의 작은 마을에서도 아버지는 더 자유롭고 풍요로운 삶을 사는 사람들을 만날 수 있었고, 그러면서 자신이 살고 있는 삶과는 다른 삶의 방식을 원한다는 것을 깨닫게 되었다. 고등학교를 졸업한 후 아버지는 집을 떠났는데, 가족 농장을 물려받을 때까지 가족과 함께 일해야 하는 문화에서 이는 매우 어려운 일이었다. 이후 아버지는 오하이오주립대학교에 입학해 심리학 학위를 취득했다. 아버지는 철학, 신학, 심리학, 자기계발이라는, 기존의 생활과는 완전히 다른 세계에 몰두했다. 아버지는 멈추거나 뒤돌아보지 않았다. 아버지는 자신이 본받고 싶은 사람들과 그들의 생활 방식으로 자신을 '에워쌌다'.

아버지는 경기가 좋을 때는 자신이 본받고 싶은 사람들의 가르침, 제품, 세미나, 행사를 찾았다. 경기가 좋지 않아 파산을 피하기 위해 노력하면서 (실제로 파산했었다!) 아버지는 자신이 본받고 싶은 사람들의 가르침, 제품, 세미나, 행사에 더욱 몰입했다. 베스트셀러 『48일 안에 좋아하는 일을 하라』의 저자이자 수천 명에게 사랑받는 커리어, 비즈니스, 인생 코치이자 멘토가 된 이후에도 아버지는 자신이 본받고 싶은 사람들과 영향력 있는 사람들로 계속해서 주변 환경을 만들었다. 아버지 덕분에 나는 어렸을 때 데일 카네기, 브라이언 트레이시, 지그 지글러의 말을 그 어떤 어른들보다 더 잘 알고 있었다. 나는 우리가 가장 원하는 성취를 추구하고 실현하기 위해 어떻게 할 수 있는지에 대한 더할 나위 없는 본보기들과 함께 성장했다.

이 이야기를 공유하는 이유는 당신이 추구하는 것과 같은 종류의 목표를 달성했거나, 달성하기 위해 노력하고 있는 사람들을 찾아 가족으로 받아들이는 것이 얼마나 중요한지 보여주기 때문이다. 나는 운이 좋게도 아버지가 그러한 분이셨지만, 나의 아버지가 처한 환경은 그렇지 못했기 때문에 자신이 되고 싶은 사람과 비슷한 사람들을 주변에 두기 위해 노력하셨다. 당신도 똑같이 해보라. 그들의 세계에 거침없이 뛰어들어 적응하라. 전문 코치나 컨설턴트에게 조언을 들어라. 지금 당장 그럴 여건이 되지 않는다면 읽을 수 있는 모든 책과 콘텐츠에 빠져보라. 존경하고 닮고 싶은 사람들의 팟캐스트와 뉴스레터를 구독하라. 가능한 모든 방법으로 몰입하라.

원하는 것을 성취하는 가장 빠른 방법은 이미 성취한 사람들에게 둘러싸여 그들로부터 배우는 것이다. 그들은 당신이 함께 여행할 수 있는 사람들이다. 그들과 함께 드라이브를 떠나라.

🎙 **행동하기**

당신이 원하는 성과를 추구하는 사람들이 모인 곳은 어디에서 찾을 수 있는가? 당신은 누구를 알고 있고, 그들은 또 누구를 알고 있는가?

○ **성취:** 우리는 대부분 자신이 한 일로 자신을 정의한다. 죽기 직전 사람들이 가장 많이 후회하는 것은 이루지 못한 꿈에 관한 것이다. 우리는 스스로를 자랑스럽게 여길 수 있는 일을 하고 싶어 한다. 우리가 성숙해지면서 가장 크게 후회하는 것은 시도하지 않고 추구하지 않은 것들이다. 너무 늦기 전에 지금 당장 우리가 소중히 여기는 것을 추구하자.

○ **피해야 할 장애물:** 남들보다 뭐든 더 잘 아는 똑똑한 사람들은 큰일을 하는 데 장애물이 무엇인지 알기 때문에 시도하지 않는 경향이 있다. 우리는 더 많은 일을 해야 한다는 책임감 때문에 위대함을 추구하기를 두려워한다. 우리는 다른 사람의 장점을 판단하고 더 많은 일을 해낸 사람들과 자신을 비교함으로써 그간 자신이 해 온 노력을 무시하는 경향이 있다. 두려움은 결코 없앨 수 없다. 하지만 용기를 내야만 앞으로 나아갈 수 있다.

○ **진정으로 원하는 것:** 빛나던 시절은 지나갔다고 생각하지 마라. 당신이 성취하려는 것은 지금까지 이룬 성취의 총합보다 더 큰 것이며, 다른 사람들에게 영감을 주고 그들도 무언가를 시도할 수 있는 용기를 줄 것이다. 성취는 크고 작고가 아니라 자신이 진정으로 원하는 것인가가 중요하다. 자유롭게 새로운 지평을 탐험하라.

○ **동기를 부여하는 것:** 다른 사람이나 심지어 자기 자신에게 '추구하지 않는 이유'를 정당화할 필요는 없다. 포레스트 검프처럼 그냥 달리면 된다. 꽤 오랫동안 간직해 온 욕망이든, 처음으로 깊은 곳에서 우러나오는 욕망이든, 깊이 고려해보되 '분석 마비analysis paralysis'(정보 과다로 인한 분석 불능—옮긴이)를 조심하라.

3부

●

성장 연구소에서
전하는 마지막 조언

확고한 목적의식은 인격의 가장 필요한 자원이자
성공의 가장 좋은 도구다.
목적의식이 없으면 천재도 일관성 없는 미로에서
노력을 낭비하게 된다.
-
필립 도머 체스터필드(1694~1773), 영국 정치가, 외교관

10장
내 인생의 방향키를 잡는 법

대부분의 사람들은 차에 타서 기어를 변속하고 운전을 시작한다. 적어도 미국에서는 일반적으로 자동 변속기가 있는 자동차를 운전한다. 운전자가 의식적으로 내리는 유일한 결정은 가속과 제동 여부뿐이다. 하지만 프로 레이서는 운전할 때 완전히 다른 경험을 한다. 속도를 높이고 낮출 때 수동으로 변속한다. 주행 중의 모든 미묘한 변화를 완전히 인식하기 때문에 보통 사람들보다 훨씬 더 빠른 속도로 주행할 수 있다.

이 장은 일상적인 일들을 자동에서 수동으로 전환하는 프로 수업이다. 머리를 쓸 필요 없는 반응적인 생활에서 주의를 기울이는 능동적인 생활로의 변화다. 물론 처음에는 자동 변속에서 수동 변속으로 변경하는 것처럼 어렵고 직관적이지 않을 수 있다. 하지만 이러한 변화는 우리가 놓치고 있을 수 있는 힘인 현실을 재구성하는 힘을 활용할 수 있다.

어렸을 때 부모님은 안 좋은 일이 벌어지면 종종 "이 일을 어떻게 써먹을 수 있을까?"라고 자문하셨다. 문제를 겪으며 우리는 고통을 받을 수도 있지만, 부모님의 질문에는 어려운 일을 통찰력과 지혜를 얻는 기회로 삼을 수도 있다는 의미가 담겨 있었다. 이런 생각의 전환은 우리를 더 강하게 만든다. 우리는 좋은 것을 선택할 수 있다. 그 차이가 모든 것을 결정한다. 모든 것은 관점에 달려 있다.

이런 생각의 습관은 아무리 강조해도 지나치지 않다. 이 습관은 당신의 삶에 엄청난 패러다임의 변화를 불러올 수 있다. '바꾸어 생각하고 말하는', 간단하지만 심오한 이 습관을 들여 우리 마음을 우리에게 활력을 주는 다른 운영 체제에서 작동하게 하자.

"해야 한다have to"는 말은 그만하라. "하고 싶다want to"고 말하라. 모든 것에 대해. 이렇게 말을 바꾸기만 해도 당신의 마음은 다시 프로그래밍되고 당신의 성격도 영원히 바뀔 것이다. 그러기 위해서는 자신의 행동에 대한 주인 의식이 필요하다. 삶의 모든 행동이 의무가 아닌 선택에 따라 이루어질 때, 당신의 관점은 180도 바뀐다. 이는 이론적으로는 매우 간단하지만 사실 실천하기는 매우 어렵다. 주로 사용하는 손을 하루 종일 몸 뒤로 묶어 두고 다른 손으로 일을 하는 것과 같다. 모든 것을 '해야 하는 것'에서 '하고 싶은 것'으로 전환하는 것은 어려운 일이지만, 습관으로 만들면 놀라운 변화가 일어날 것이다. 그 결과로 당신은 자기 인생의 CEO가 될 수 있다.

우리 문화에서 흔히 쓰이는 말들을 자세히 들여다보면, 우리가 '해야만 하는' 일들에 대해 얼마나 자주 말하는지 놀랄 것이다. 우리는 우리가 통제할 수 없는 것들에 이끌리는 삶의 피해자이다. 그리고 이런 관점은 우리의 사고방식을 피해 의식과 무력감에 젖게 만든다. 의무 대신에 하루 동안 원하는 것만 말하며 산다고 상상해보자.

"좋았어, 회사에 출근하고 싶어!"

"프랭크와 고객 서비스 관련 문제에 대해 이야기하고 싶어."

"집에 가기 전에 장을 좀 보고 싶어."

장담하건대 이렇게 하면 당신의 전반적인 인생관에 근본적인 변화가 생길 것이다. 처음에는 정말 원하는지, 왜 원하는지 고려하지 않고 '원한다'고 말하기가 거의 불가능하고 상당히 불편하며 어렵다는 것을 알게 될 것이다. 그 과정에서 자신이 얼마나 습관적으로 자신의 진정한 생각과 감정에 대해 정직하지 못했는지, 희생당하는 피해자처럼 말해 왔는지를 자각하게 될 것이다. 당신이 헤아릴 수 없을 정도로 막대한 부와 권력을 가졌다고 상상해보라. 그러면 당신은 무엇을 **해야 할까**? 아마 마음이 가는 대로 무엇이든 하고 싶은 것을 할 것이다. 하지만 우리는 '의무'와 '할 것'들에 치여 진정으로 원하는 것들을 뒤로 미루고 있다.

최근에 토요일 이른 아침에 사무실에 출근해 있는데 아내로부터 별일 없는지 묻는 문자를 받았다. 나는 5시에 일어나 할 일이 있어서 일을 처리하러 왔다고 답장을 보냈다. 주말에는 원래 거의 일하지 않지만 며칠 후 플로리다로 긴 여행을 떠날 예정이어서 일이 많았다. 나의 손가락은 본능적으로 "떠나기 전에 일을 끝내야 해"라고 썼다. 마음 한구석에서는 아내가 "케빈, 정말 미안해. 우리 가족을 위해 애써줘서 고마워"라고 답해주길 바랐다. 피해자 연기를 해서 아내가 내 자부심을 어루만져주면 달콤하긴 할 것이다.

하지만 그것은 잘못되거나 적어도 나약한 마음이다. 나는 개인 사업을 한다. 재정적으로 궁핍하지 않다. 내가 나의 상사이며 업무량을 스스로 결정한다. 더 적게 일하고 더 적게 벌고 더 적게 가질 수 있다. 아침에 일찍 일어나 일하지 않아도 부정적인 결과가 상대적으로 적다. 하지만 나는 더 많은 것을 원하기 때문에 더 많이 일한다. 게다가 나는 바다로 가족 여행을 가기로 결정했다. 아무도 내가 어떤 선택을 해야 하는지, 주말에도 일찍 나와 일해야 한다고 강요하지 않았다. 나는 내가 원하는 삶의 수준을 유지하기 위해 의식적인 선택에 따라 추가로 일을 한 것이다. 이처럼 나는 종종 세상에서 나의 중요성을 부풀리는 슈퍼맨 콤플렉스에 빠지곤 한다.

당신의 일상을 생각해보라. 사무실이나 직장에 가는 것부터 시작해보자. 당신이 직원이라면 꼭 출근해야 하는가? 정말 선택의 여지가 없는가? 만약 당신이 사무실에 **가고 싶다**고 말한다면 정말 그 일을 사랑하는 것이다. 하지만 일을 사랑하지 않거나 적어도 즐기지 않는다면 급여를 받는 것에 감사해야 한다. 그러니 최소한 "나는 생활에 필요한 급여를 주는 이 직업이 소중하기 때문에 사무실에 출근하고 싶다"라고 그 사실을 뚜렷하게 말하라. 이제 당신에게는 통제권이 생겼다. 당신에게는 힘과 책임이 있다. 자신의 선택에 따라 일을 한다. 당신에게는 권한이 있다. **하고 싶다**고 말하는 것만으로도 우리의 태도가 자연스럽게 바뀐다. 이것이 바로 인지 훈련cognitive training이다.

욕구want의 힘은 중요하다. 당신 삶의 대부분은 당신의 선택으로 이루어진다. 내 인생에서 일어났던 일들은 좋은 일이었던 나쁜 일이었던 모두 내가 원하고 선택한 것의 결과였다. 선택이라는 프리즘으로 현재 상황을 바라보는 것은 가치가 있다. 반드시 그렇게 해보라. 현재 당신이 처한 상황의 모든 측면이 당신의 선택에 의해 이루어진 것이라고 말해보라. 그 과정에서 설령 희생을 당하거나 피해를 입었더라도 당신은 어떻게 대응하기로 선택해서 지금의 상황에 있게 되었는가?

선택은 당신이 처한 상황과 상관없이 당신을 자유롭게 하고 자율권을 주는, 인생에서 가장 자유로운 행동일 것이다. 대부분의 상황은 우리가 통제할 수 없다. 그러나 외부의 환경은 통제할 수 없지만 내면은 통제할 수 있다. 물론 부정적인 감정을 느끼지 않는 것은 아니다. 나 또한 평생 부정적인 감정을 느끼지 않으려고 시도해봤지만 결과적으로 실패했다. 나는 이제 실망감을 인정한다. 하지만 그런 감정이 내 삶을 지배하지 않도록 노력하고 있다.

'극한의 오너십extreme ownership'이라는 말이 유행이다. 최고의 팟캐스터이자 작가, 전 네이비 실 대원 조코 윌링크가 이를 주제로 『네이비씰 승리의 기술』이라는 책 하나를 펴냈다. 요점은 앞서 공유한 톰 빌류의 "모두 당신 잘못입니다"라는 메시지와 같다. 우리는 어려운 일에는 보통 **잘못**과 **비난**이라는 두 단어가 따라다니기 때문에 책임을 지려 하지 않는다. 하지만 나는 그런 말을 들어도 개의치 않는 것이 더 낫다고 생각한다. 우리 가족은 국유림에 살고 있는데, 산불 때문에 여러 번 대피한 적이 있다. 다음에 또 산불이 발생해 집이 불타버린다면 내 잘못으로 받아들이려 한다. 이곳에 살기로 결정한 것은 나다. 나는 주택 보험에 가입하고 이곳에 계속 살면서 위험을 감수한다. 원하는 곳에 사는 것이 내게는 중요하며, 집이 불에 타더라도 이미 그 가능성에 대비했고, 위험에 대한 책임을 지는 것이 복구 가능성이 훨씬 높기 때문에 기분이 훨씬 낫다.

이제 우리의 권한과 책임을 빼앗는 '작은 선의의 거짓말'에 대해 생각해보자. 우리는 선의의 거짓말이 누구에게도 해를 끼치지 않는다고 생각한다. 그러나 선의의 거짓말은 우리 자신에게 상처를 준다. 우리가 진실을 대면하는 책임과 권한을 포기할 때 진정성을 발휘할 수 있는 능력을 스스로 손상시키는 것이다.

우리는 순간순간의 삶에서 '해야 한다'는 사고방식으로 정직하지 못한 태도를 보이는데, 이는 결코 선의의 행동이 아니다. 나는 아이의 축구 경기를 보러 갔다가 내가 좋아하지 않는 누군가와 수다를 떨게 되면 아마도 심호흡을 하고 시계를 쳐다보며 "아이고, 시간이 이렇게 됐네. 이제 가봐야겠어요!"라고 말할 것이다. 이는 나를 기다리는 가족이나 약속 때문에 정말로 자리를 떠야 할 때 하는 말이기도 하지만 내가 대화를 통제할 수 없기 때문에 그냥 하는 말이다. 이는 사회적으로 용인되는 행동이지만 진실한 행동은 아니다. 나는 그저 잡담을 그만하고 내가 더 좋아하는 일을 하고 싶을 뿐이다. 하지만 이런 말로 나는 피해자 역할을 자처하는 것이다.

이럴 때 진실을 말하면 어떨까? "이제 당신과의 대화는 그만하고 싶으니 나중에 봐요"라고 말하고 자리를 뜬다면? 실제로 그렇게 할 수 있을 것 같지는 않다. 하지만 "전 가봐야겠어요, 만나서 정말 반가웠어요!"라고 말할 수는 있다. 그것은 상대방을 불쾌하게 만들지 않으며 시간을 관리하는 데서 나의 권한과 책임을 유지한다.

「지글러 쇼」 763회에서 나는 『불평 없이 살아보기』라는 책의 저자 윌 보웬과 이야기를 나눴다.[1] 그는 자신의 독서 클럽 회원들과 '21일간 불평하지 않기' 챌린지를 시작했는데, 요점은 어떤 것에 대해서도 불평하지 않는 것이었다. 만약 불평을 하면 차고 있던 보라색 팔찌를 다른 손목에 옮겨 찬다. 목표는 불평하지 않고 팔찌를 한 손목에 최대한 오래 착용하는 것이다.

당신도 시도해보라. 원한다면 팔찌를 사용하라. 문제를 유발하는 단어인 **해야 한다**를 당신의 언어에서 지워버려라. 앞에서 테리 리얼의 책 『우리』를 언급하며 순응하는 아이와 현명한 어른에 대해 이야기했다. 나는 이런 생각을 했다. 내가 앞으로 할 일이나 했던 일에 대해 권한과 책임감을 가질 때 현명한 어른이 되는 것 같다고. 이것이 바로 주인 의식이다.

이것은 사소한 자기계발 연습이 아니다. 인생을 바꾸는 것이다. 우리 대부분은 이 피해자 언어를 채택함으로써 우리 자신을 작게 만들고 망가트렸다. 이 한 가지 말만 바꾸어도 삶에 대한 기쁨, 감사가 더 커질 것이다. 더 이상 아무것도 **해야 할** 필요가 없다. 당신은 **하고 싶다.** 당신은 자신의 자유 의지로 **할** 것이다.

다음은 당신의 패러다임 전환을 도와줄 몇 가지 예시다.

○ **"지금 일어나고 싶다!"** 알람시계가 울릴 때 이렇게 말하자. 왜 일어나고 싶을까? 가족이 깨거나 하루 일과를 시작하기 전에 집중할 시간을 갖고 싶기 때문이다. 자녀를 학교에 데려다주고 싶기 때문이며, 그렇게 하지 않으면 **원하지** 않는 결과가 일어날 수 있기 때문이다! 출근하지 않아 해고된다면 그 또한 '선택'할 수 있다. 하지만 월급을 받고 싶다면 해고당하고 싶지는 **않을** 것이다. 모든 일은 자신이 **원하는** 것에서 비롯된다.

○ **"운동을 하고 싶다."** 몸과 기분, 체력 향상에 좋기 때문이다. 운동은 정말 나를 위한 것이다!

○ **"오늘 아침(또는 오늘)은 식사를 거르고 싶다."** 내 몸에 휴식을 주는 것이 좋고, 나와 내 삶에 도움이 될 것이기 때문이다!

○ **"연인/배우자/자녀/형제와 진지한 대화를 나누고 싶다."** 꼭 그럴 필요는 없지만, 대화를 하지 않는다면 감당할 수 없는 결과가 초래될 수 있기 때문에 대화를 하고 싶을 것이다. 대화를 이끌 권한과 책임을 받아들여라.

○ **"점심 먹으러 가고 싶다."** 생리적 감각에서 음식이 필요하지 않을지 모르지만, 미각은 음식을 원하고 있고 그것은 당신에게 기쁨

을 준다. 그렇다면 권한과 책임을 가져라. 인정하라!

이해가 됐을 것이다. 윌 보웬의 방법은 '불평하지 않기 챌린지'이다. 내가 자주 인용하고 좋아하는 작가인 숀티 펠드한Shaunti Feldhahn은 30일 동안 상대방에 대해 부정적인 말을 하지 않고 긍정적인 말만을 적극적으로 하는 『친절 챌린지: 관계 개선을 위한 30일 The Kindness Challenge: Thirty Days to Improve Any Relationship』이라는 책을 썼다. 두 방법 모두 인생을 바꿀 수 있다.

그래서 나는 당신에게 하루라도 '원하기 챌린지want challenge'를 해보라고 말하고 싶다. 하루를 잡아서 시도하되, 사람들과 어울리고 대화를 나누는 가운데 당신이 많은 일을 **해야 한다**고 잘못 말할 기회가 많은 날로 잡도록 하라.

하지만 나는 '도전'이라는 말이 문제의 중대성을 축소한다고 생각한다. 도전은 '권리'에 가깝다. 자신의 행동에 대한 권한과 책임을 주장하는 것은 권리이자 특권이다. 이것은 당신 자신의 삶이다. 우리는 외부의 힘이 내가 하고 싶은 일을 할 수 있는 능력과 기회를 빼앗고 있다고 자주 생각한다. 여기서 자신의 행동에 대한 권한과 책임을 가지는 것은 하루, 일주일, 한 달, 일 년, 인생의 모든 행동을 내가 원하는 욕구에 따른 것으로 여기고 권한과 책임을 가지는 것이다. 그렇게 우리는 온전히 행복해질 권리를 주장한다.

내가 충만해야 다른 사람에게 나누고 봉사할 수 있다. 우리 가족은 가족을 돌보고 부양**해야 하는** 남편과 아버지를 원하지 않는다.

그렇게 **하고 싶은** 가장을 원한다. 고용주는 출근**해야 하고** 의무를 **다해야 하는** 직원을 원하지 않고, 출근하고 싶고 의무를 **다하고 싶은** 직원을 원한다. 고객이 당신의 제품이나 서비스를 구매하려는 이유는 고객이 제품과 서비스의 혜택을 누리기를 당신이 **원하기** 때문이다. 친구와 동료들은 당신이 어떤 일의 피해자가 되어 당신이 그들로부터 떠나기를 원하지 않는다. 그들은 당신이 영감을 받고 활기 넘치고 **원하고** 추구하는 활동을 하기를 원한다.

어떤 일을 **해야 한다**고 하면 스스로를 끌어내리고 주변 사람들도 끌어내리게 된다. 모든 것을 **하고 싶다**고 하면 스스로를 끌어올리고 당신과 모든 사람의 삶에 활력을 더하게 된다.

하고 싶은 일로 의욕이 넘치는 당신의 삶을 응원한다!

감사의 말

성경에 나오는 솔로몬 왕은 "태양 아래 새로운 것은 없다"고 말했다. 또 다른 삶의 '비밀'이 있다고 주장하는 책이 끊임없이 나오는 세상에서 이 말은 항상 나에게 깊은 울림을 준다. 우리는 완전히 새로운 자신만의 생각과 아이디어를 낼 수 있겠지만, 교육을 받은 사람이라면 자신이 지금까지 배운 모든 사람들의 목소리와 관점을 결합해 어떤 개념을 만들어낼 수도 있다. 나는 이 책에서 우리가 처한 독특한 시대적 진화에 적합하도록 좀 더 이해하기 쉬운 관점으로 새로운 통찰력을 제시했다.

　따라서 이 책의 아이디어를 제공한 모든 분의 공로를 인정하는 것은 대단히 벅찬 일이다. 내게 디딤돌이 되어준 모든 이를 나열하려면 책 한 권이 필요하다.

　내 삶에 영향을 주었던 모든 분께 감사드린다. 이분들은 누구보다 더 많은 공로를 인정받을 자격이 있다. 또한 나를 알고 내게 영향을 준 분들의 이야기를 듣고 싶다. *kmiller@kevinmiller.co*로 연락을 주기 바란다.

다음 분들에게 특별히 감사의 말씀을 전한다.

나의 가족. 나는 특히 가족에게서 내 삶의 원동력에 대해 더 많이 배웠고, 우리 가족은 그로부터 가장 많은 혜택과 고통을 받았다. 테리, 브리앤, 케일럽, 오텀, 엘리자, 이안, 캐넌, 세린, 네코다, 제이다리아, 메이슨, 안드레, 파비안, 레이나.

부모님 댄 밀러와 조앤 밀러. 부모님은 내가 이 여정을 시작하게 하셨고 내 삶의 원동력에 불을 지펴주셨다.

톰 지글러. 당신의 우정, 지글러 가족, 당신의 아버지인 지그 지글러, 지글러 플랫폼은 이 책에서 큰 부분을 차지한다.

랜디 제임스. 내 인생의 지난 10년은 당신에게서 크게 영향을 받았다. 제임스는 '운전'을 정말 잘한다.

스콧, 토드, 더스틴, 로니, 재러드. 이루 말로 다 표현할 수 없다. 여러분의 여정을 공유하고 나의 여정을 도와준 데 감사드린다.

팟캐스트에 시간과 마음을 내어준 200명이 넘는 게스트 여러분. 이 책의 핵심은 여러분의 특별한 영향력과 여정을 공유하는 것이었다. 여러분의 가치관이 독자들에게 영감으로 전해지기를 바란다.

'케빈 앤더슨 앤 어소시에이츠'의 제니퍼 카시우스. 당신의 통찰력은 책을 완성하는 데 큰 도움이 되었을 뿐 아니라 프로젝트에서 나의 리듬을 찾는 데도 큰 도움이 되었다.

한 남자에게 출판의 기회를 준 '파크 앤 파인'과 '맥그로 힐' 출판사에 감사드린다.

나의 집필을 위해 집을 빌려준 스티어먼 가족, 애덤 가족, 로그즈던 가족에게 감사드린다.

'마이 드리븐 투 리브My Driven To Live' 커뮤니티 여러분, 함께 걷고 이야기해주신 데 감사드린다.

트리니티 스포츠 그룹과 프리 에이전트 아카데미의 모든 관계자 여러분께 특별히 감사드린다. 내가 가속 페달을 밟고 눈을 감고 운전할 때에도 여러분은 나를 사랑하고 지원하고 포용해주었다. 한 분 한 분과 포옹을 나누며 사과의 말씀을 드리고 싶다. 진심으로 감사드린다.

참고자료

2장

1. Bruce Selcraig, "The Real Robinson Crusoe," *Smithsonian Magazine*, July 2005, https://www. smithsonianmag.com/history/the-real-robinson-crusoe-74877644/.
2. Sheena Iyengar and Mark Leeper, "When Choice Is Demotivating: Can One Desire Too Much of a Good Thing?," *Journal of Personality and Social Psychology* 79, no. 6 (200): 995–1006.
3. Sonja Lyubomirsky, "What Determines Happiness" (pie chart).
4. Ryan Pace, *Dark Psychology and Gaslighting Manipulation*(independently published, 2020).
5. Ray Ward, "Victor Serebriakoff: Ex-manual Worker Who Rose to the Top in Mensa," Obituary, *The Guardian*, January 5, 2000, https://www.theguardian.com/news/2000/jan/06/ guardianobituaries2.

3장

1. Rabbi Daniel and Susan Lapin, "Teenage Depression," Rabbi Daniel Lapin, https:// rabbidaniellapin.com/teenage-depression/.
2. "Attending Church Is the Key to Good Mental Health," The London School of Economics and Political Science, *LSE Health News*, 2015, https://www.lse.ac.uk/lse-health/news-events/2015/church-key-to-good-mental-health.
3. https://www.youtube.com/shorts/UZ3p4uya3so.

4장

1. Tahira Sequeira, "Nearly One in Three Finns Suffering from Loneliness," Helsinki Times, February 10, 2021, https://www.helsinkitimes.fi/finland/news-in-brief/18681-nearly-one-in-three-finns-suffering-from-loneliness.html.
2. Jussi Tanskanen and Timo Anttila, "A Prospective Study of Social Isolation, Loneliness, and Mortality in Finland," *American Journal of Public Health*, November 2016, https://ajph. aphapublications.org/doi/10.2105/AJPH.2016.303431.

6장

1. Terrence Real, *Us: Getting Past You and Me to Build a More Loving Relationship* (Goop Press, 2022), 76-77. Used with permission.

7장

1. Thomas C. Corley, "The More People Love Their Jobs, the Quicker They Get Rich," *Insider*, August 14, 2015, https://www.businessinsider.com/people-who-love-their-jobs-get-richer-2015-8.

8장

1. Financial Security Program and Dyvonne Body, "The Burden of Debt on Mental and Physical Health," *Aspen Institute*, August 2, 2018, https://www.aspeninstitute.org/blog-posts/hidden-costs-of-consumer-debt/.

9장

1. Bronnie Ware, *The Top Five Regrets of the Dying: A Life Transformed by the Dearly Departing* (Hay House, 2012), 44.
2. "How to Leverage Our Regrets: Dan Pink," *Self Helpful with Kevin Miller* (podcast), #969, https://podcasts.apple.com/us/podcast/how-to-leverage-our-regrets-dan-pink/id192820274?i=1000551747653.
3. Daniel H. Pink, *The Power of Regret: How Looking Backward Helps Us Move Forward* (Riverhead Books, 2022), 15.
4. Quote Investigator, "Our Deepest Fear Is Not That We Are Inadequate. Our Deepest Fear Is That We Are Powerful Beyond Measure," https://quoteinvestigator.com/2019/06/30/deepest/.
5. "Reboot and Upgrade Your Mind and Capacity: Record Breaking Explorer Colin O'Brady Part 1," *Self Helpful with Kevin Miller* (podcast), https://podcasts.apple.com/fr/podcast/reboot-upgrade-your-mind-capacity-record-breaking-explorer/id192820274?i=1000571319515.
6. Gary Barkalow, *It's Your Call: What Are You Doing Here?* (The Noble Heart, 2021).
7. Peter Reuell, "The Power of Picturing Thoughts," *Harvard Gazette*, May 11, 2017, https://news.harvard.edu/gazette/story/2017/05/visual-images-often-intrude-on-verbal-thinking-study-says/.

10장

1. "Complaining is poisoning our success, with Will Bowen," *Self Helpful with Kevin Miller* (podcast), https://podcasts.apple.com/us/podcast/763-complaining-is-poisoning-our-success-with-will-bowen/id192820274?i=1000467222481

옮긴이 고영훈

성균관대학교에서 경영학과 신문방송학을 공부했다. 캐나다에서 일한 후 한국으로 돌아와 바른번역 회원으로 번역 활동을 하고 있다. 옮긴 책으로는『작은 습관 연습』『포에버 데이 원』『FBI 사람 예측 심리학』『7가지 부의 법칙』『돈의 연금술』『나폴레온 힐 부자 수업』『예민함의 힘』등이 있다.

해내는 사람에게는 한 가지가 있다

초판 1쇄 인쇄 2024년 2월 6일
초판 1쇄 발행 2024년 2월 23일

지은이 케빈 밀러
옮긴이 고영훈
펴낸이 유정연

이사 김귀분
책임편집 유리슬아 **기획편집** 신성식 조현주 서옥수 황서연 정유진 **디자인** 안수진 기경란
마케팅 반지영 박중혁 하유정 **제작** 임정호 **경영지원** 박소영

펴낸곳 흐름출판(주) **출판등록** 제313-2003-199호(2003년 5월 28일)
주소 서울시 마포구 월드컵북로5길 48-9(서교동)
전화 (02)325-4944 **팩스** (02)325-4945 **이메일** book@hbooks.co.kr
홈페이지 http://www.hbooks.co.kr **블로그** blog.naver.com/nextwave7
출력·인쇄·제본 (주)상지사 **용지** 월드페이퍼(주) **후가공** (주)이지앤비(특허 제10-1081185호)

ISBN 978-89-6596-615-9 03190